essentials

Essentials liefern aktuelles Wissen in konzentrierter Form. Die Essenz dessen, worauf es als „State-of-the-Art" in der gegenwärtigen Fachdiskussion oder in der Praxis ankommt. essentials informieren schnell, unkompliziert und verständlich.

- als Einführung in ein aktuelles Thema aus Ihrem Fachgebiet
- als Einstieg in ein für Sie noch unbekanntes Themenfeld
- als Einblick, um zum Thema mitreden zu können.

Die Bücher in elektronischer und gedruckter Form bringen das Expertenwissen von Springer-Fachautoren kompakt zur Darstellung. Sie sind besonders für die Nutzung als eBook auf Tablet-PCs, eBook-Readern und Smartphones geeignet.

Essentials: Wissensbausteine aus den Wirtschafts, Sozial- und Geisteswissenschaften, aus Technik und Naturwissenschaften sowie aus Medizin, Psychologie und Gesundheitsberufen. Von renommierten Autoren aller Springer-Verlagsmarken.

Wolfgang Eixelsberger • Dietmar Sternad
Martin Stromberger

E-Business im Export

Eine kompakte Einführung

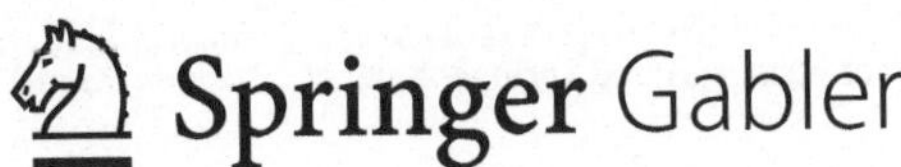

FH-Prof. Dr. Wolfgang Eixelsberger
Studienbereich Wirtschaft &
Management
Fachhochschule Kärnten
Villach
Österreich

Dipl.-Ing. Martin Stromberger
Studienbereich Wirtschaft &
Management,
Fachhochschule Kärnten
Villach
Österreich

FH-Prof. Dr. Dietmar Sternad
Studienbereich Wirtschaft &
Management
Fachhochschule Kärnten
Villach
Österreich

ISSN 2197-6708
essentials
ISBN 978-3-658-11554-8
DOI 10.1007/978-3-658-11555-5

ISSN 2197-6716 (electronic)

ISBN 978-3-658-11555-5 (eBook)

Die Deutsche Nationalbibliothek verzeichnet diese Publikation in der Deutschen Nationalbibliografie; detaillierte bibliografische Daten sind im Internet über http://dnb.d-nb.de abrufbar.

Springer Gabler
© Springer Fachmedien Wiesbaden 2016

Gedruckt auf säurefreiem und chlorfrei gebleichtem Papier

Springer Fachmedien Wiesbaden ist Teil der Fachverlagsgruppe Springer Science+Business Media
(www.springer.com)

Was Sie in diesem Essential finden können

- Eine kompakte, anwendungsorientierte Einführung in die Nutzung von Internettechnologien für den Export.
- Hinweise für die Entwicklung und Umsetzung internetbasierter Exportstrategien.
- Tipps für die Gestaltung eines exportorientierten Webauftritts.
- Einen Einblick in internationale Marketing- und Vertriebsmöglichkeiten über das Internet.
- Informationen über Rahmenbedingungen, die bei E-Business-Aktivitäten in ausländischen Zielmärkten zu beachten sind.

Einleitung

Die starke Zunahme der Internetnutzung, die ständige Erhöhung von Übertragungsgeschwindigkeiten und die Verfügbarkeit von einer Vielzahl von Endgeräten haben zu einem massiven Anstieg von elektronischen Handelsbeziehungen geführt. Diese Handelsbeziehungen finden nicht nur zwischen Unternehmen und Endkunden statt („Business-to-Consumer" oder „B2C"), sondern auch zwischen Unternehmen („Business-to-Business" oder „B2B") und zwischen Unternehmen und der öffentlichen Verwaltung („Business to Government" oder „B2G"). Bestehende Grenzen zwischen Ländern, die gleichzeitig Marktgrenzen waren, wurden damit abgebaut. Unternehmen erhalten durch die neuen Möglichkeiten, die das Internet bietet, einen vereinfachten Zugang zu ausländischen Märkten und damit neue Exportchancen. Gleichzeitig sind bisher unbekannte Herausforderungen für Unternehmen entstanden, die von verändertem Kundenverhalten bis zu neuen rechtlichen Rahmenbedingungen reichen. Es besteht dementsprechend bei vielen Unternehmen ein großes Informationsdefizit, das reduziert werden muss. Das vorliegende Essential versucht dazu in kompakter Form einen Beitrag zu leisten.

Für die Geschäftstätigkeit im Internet haben sich verschiedene Begriffe herausgebildet, von denen „E-Business", „Digital Business" und „E-Commerce" die am häufigsten verwendeten sind. Unter **E-Business** versteht man die „Nutzung der Informationstechnologien für die Vorbereitung (Informationsphase), Verhandlung (Kommunikationsphase) und Durchführung (Transaktionsphase) von Geschäftsprozessen zwischen ökonomischen Partnern über innovative Kommunikationsnetzwerke" (Kollmann 2013, S. 51). Eine ebenso alle geschäftlichen und geschäftsnahen Aktivitäten im Internet umfassende Bedeutung hat auch der etwas neuere Begriff **Digital Business**. Dieser beschreibt die Nutzung digitaler Technologien und den darauf aufbauenden digitalen Medien für die Optimierung von Geschäftsprozessen zum Zwecke der Stärkung der eigenen Wettbewerbsfähigkeit (vgl. Chaffey 2015, S. 15).

Mit **E-Commerce** wird jener Teil des Digital Business beschrieben, bei dem es darum geht, über digitale „Informations-, Kommunikations- und Transaktionsprozesse zwischen den Netzteilnehmern reale oder elektronische Waren und Dienstleistungen anzubieten und abzusetzen, wobei der tatsächliche Verkauf im Mittelpunkt steht." (Kollmann 2013, S. 17). Es stehen dabei also ganz spezifisch der Kauf und Verkauf von Leistungen über das Internet im Fokus.

Der Einsatz digitaler Technologien eröffnet ganz neue Möglichkeiten für die internationale Geschäftstätigkeit. Manche Markteintrittsformen weiterhin (vor allem Direktinvestitionen) bleiben aufgrund des hohen Ressourcenbedarfs größeren Unternehmen vorbehalten (vgl. Stallmann und Wegner 2015, S. 133 f). Gleichzeitig ermöglicht E-Business aber auch neuen kleinen und mittelgroßen Unternehmen einfachere Zugänge zu Auslandsmärkten, mit denen bestehende Barrieren reduziert oder umgangen werden können.

In diesem Essential werden die wesentlichen Themenfelder behandelt, welche von Unternehmen im Rahmen ihrer E-Business-Aktivitäten zu beachten sind, um damit auf internationalen Märkten erfolgreich tätig sein zu können. Im Zentrum stehen dabei die Entwicklung einer Internet-Exportstrategie und die Anpassung der Geschäftsmodelle (Kap. 1), die exportorientierte Gestaltung des eigenen Webauftritts (Kap. 2), die Kundengewinnung und das Marketing über das Internet (Kap. 3) sowie die operative Abwicklung des Auslandsvertriebs im Rahmen des E-Business (Kap. 4).

Inhaltsverzeichnis

Die E-Business-Strategie für den Export

1

Durch die Möglichkeit, das global verfügbare Internet für die Bewerbung und den Vertrieb von Produkten und Dienstleistungen zu nutzen, sinken in vielen Märkten auch die Markteintrittsschwellen für Mitbewerber aus dem Ausland, was zu größerem Wettbewerb im Heimmarkt führen kann. Andererseits bietet die Geschäftsplattform Internet aber gerade auch kleineren und mittelständischen Unternehmen (KMU) die Möglichkeit, relativ kostengünstig neue Auslandsmärkte zu bearbeiten. Um die Erfolgschancen des Exportgeschäftes über das Internet zu stärken, empfiehlt sich eine strategische Vorgangsweise, wie sie in diesem Kapitel vorgestellt wird.

1.1 Voraussetzungen für die Internationalisierung über das Internet

Bevor mit der Geschäftstätigkeit auf Auslandsmärkten über das Internet begonnen wird, sollten einige Grundfragen geklärt werden (vgl. Sternad 2013):

- **Hat das Unternehmen ein besonderes Leistungsangebot, welches auf internationalen Märkten konkurrenzfähig ist?**
  Die internationale Geschäftstätigkeit über das Internet macht nur dann Sinn, wenn sich das eigene Produkt- bzw. Dienstleistungsangebot in einem oder mehreren kaufrelevanten Merkmalen von der Konkurrenz im Zielmarkt abhebt. Der Mehrwert für die Kunden kann dabei in einem niedrigeren Preis liegen, in höherer Qualität, in einzigartigen Produkt- oder Dienstleistungseigenschaften oder in einem emotionalen Mehrwert. Der Wettbewerbsvorteil sollte in jedem Fall klar herausgearbeitet werden, um das Angebot im Internet gut positionieren zu können.

© Springer Fachmedien Wiesbaden 2016
W. Eixelsberger et al., *E-Business im Export*, essentials,
DOI 10.1007/978-3-658-11555-5_1

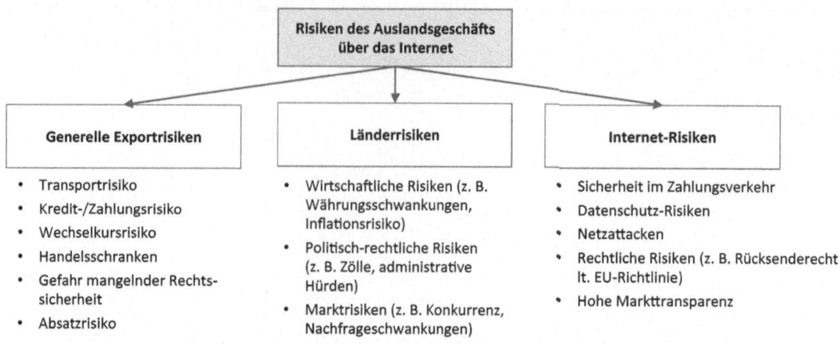

Abb. 1.1 Risiken des Auslandsgeschäfts über das Internet. (Quelle: Autoren)

- **Welche Risiken sind mit der Internationalisierung des Geschäfts über das Internet verbunden?**

  Die Abwicklung internationaler Geschäfte trägt spezielle Risiken in sich, ebenso das Internetgeschäft an sich (siehe Abb. 1.1). Diese Risiken sollten vor der Entscheidung, das Internet für den Export zu nutzen, für die anvisierten Zielmärkte möglichst gut eingeschätzt und abgewogen werden.

- **Hat das Unternehmen die notwenigen Kompetenzen, um über das Internet international tätig zu werden?**

  Für den Export über das Internet benötigt ein Unternehmen Exportkompetenz (z. B. im Bereich der operativen Export- und Zollabwicklung), IT- und E-Business-Kompetenz (z. B. für den Aufbau und Betrieb eines Webshops), Kundenservice-Kompetenz (für die Bearbeitung von Kundenanfragen) und Logistikkompetenz (für die grenzüberschreitende Lieferung der Waren an die Kunden im Ausland). Diese Kompetenzen müssen nicht unbedingt im Unternehmen selbst vorhanden sein, da es für alle vier Bereiche spezialisierte Dienstleister gibt. Entwickelt werden sollten diese Kompetenzen aber auf jeden Fall, entweder im Unternehmen selbst oder über Kooperationen.

- **Welche Wechselwirkungen sind zwischen Online- und Offline-Geschäft zu erwarten?**

  Zu überlegen ist vor einem Einstieg in das Online-Geschäft immer auch, ob das Offline-Geschäft positiv oder negativ davon beeinflusst werden könnte. So könnten Kunden im Internet auch für einen Ladenbesuch interessiert werden (hinsichtlich Auslandskunden ist das zumindest dann von Interesse, wenn sich der Laden in Grenznähe oder in einem von ausländischen Touristen viel besuchten Ort befindet). Andererseits besteht insbesondere bei mehrstufigen Vertriebskanälen die Gefahr, dass bestehende Vertriebspartner im Aufbau des eigenen Online-Geschäftes eine ungebetene Konkurrenz sehen.

- **Ist das Management des Unternehmens bereit, Zeit und Geld in das Exportgeschäft über das Internet zu investieren?**
  Obwohl das Internet gegenüber anderer Formen des Auslandsvertriebs ein relativ kostengünstiger Absatzkanal für das internationale Geschäft sein kann, muss dennoch davon ausgegangen werden, dass auch für dieses Geschäft Investitionen (unter anderem in den Aufbau der oben beschriebenen Kompetenzen, in die Entwicklung eines entsprechenden Web-Angebots und in Marketing) benötigt werden. Viele Unternehmer haben noch Vorbehalte gegenüber dem Auslandsgeschäft über das Internet – vor allem hinsichtlich rechtlicher Unsicherheiten beim Verkauf an Kunden im Ausland, Schwierigkeiten beim Angebot des Kundenservice in der Landessprache, möglicher Probleme bei der Zahlungsabwicklung, einer aufwendigen Versandabwicklung, potenzieller Schwierigkeiten beim Eintreiben von Forderungen oder aufwendiger Übersetzungsnotwendigkeiten für Websites und Webshops (Stahl et al. 2012). Ohne ein klares Commitment seitens des Managements, sich diesen Herausforderungen stellen zu wollen und auch Kapital- und Zeitressourcen für ein Internet-Exportprojekt zur Verfügung zu stellen, ist die Erfolgswahrscheinlichkeit gering. Wie für jedes Offline-Geschäft sind ebenso für den Aufbau eines grenzüberschreitend angelegten Online-Geschäfts Investitionen nötig.

1.2   Die Entwicklung einer Internet-Exportstrategie

Abbildung 1.2 zeigt einen mehrstufigen Prozess zur Entwicklung einer Strategie für die Nutzung des Internets im Rahmen des Exportgeschäfts. Wie bei einer Strategieentwicklung üblich, steht am Anfang eine Analysephase, in der die aktuelle Situation im Unternehmen und in seinem Umfeld genauer beleuchtet wird.

Im Rahmen der **Unternehmensanalyse** erfolgt zunächst eine **Produkt- und Dienstleistungsanalyse.** Sie dient der Klärung, welche Produkte und Dienstleistungen des Unternehmens a) generell internationalisierungsfähig sind, b) über das Internet als Vertriebskanal verkaufbar sind, und c) besondere Leistungsmerkmale aufweisen, die einen Wettbewerbsvorteil bzw. ein Alleinstellungsmerkmal auf internationalen Online-Märkten darstellen könnten. Bei der späteren Zielmarktauswahl ist dann wiederum zu überprüfen, ob die grundsätzlich identifizierten Wettbewerbsvorteile auch auf den ins Auge gefassten Märkten ausgespielt werden können. Bei der Produkt- und Dienstleistungsanalyse kann auch herauskommen, dass

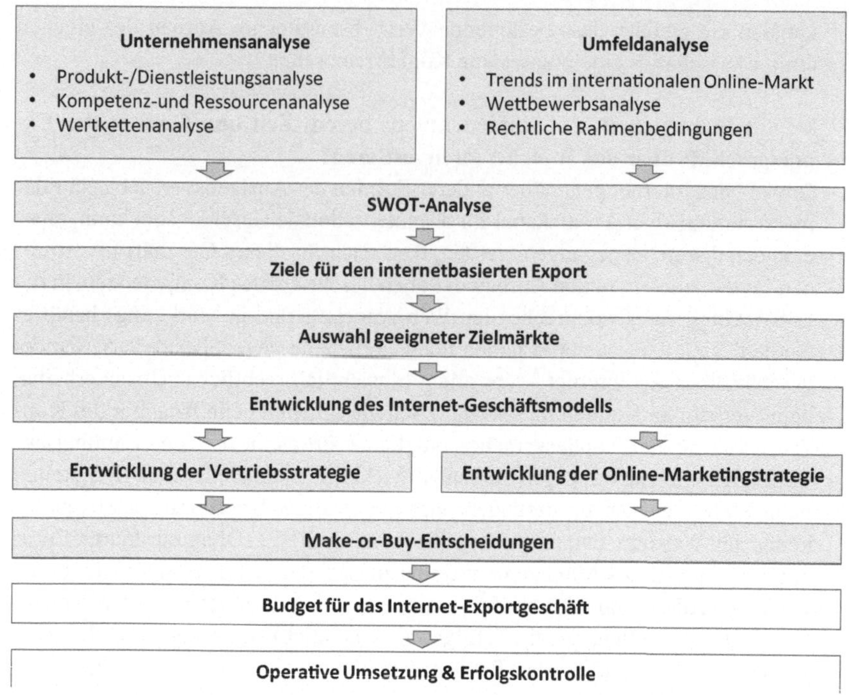

Abb. 1.2 Die Entwicklung einer Internet-Exportstrategie. (Quelle: Autoren)

nur Teile des gesamten Produkt- oder Dienstleistungsangebotes über das Internet vertrieben werden können.

In der **Kompetenz- und Ressourcenanalyse** stehen die Fähigkeiten des Unternehmens im Vordergrund. Hier geht es einerseits um die Frage, ob das Unternehmen besondere Kompetenzen hat, die es im Wettbewerb über das Internet nutzen kann. Hat ein spezialisiertes Einzelhandelsgeschäft zum Beispiel besondere Beratungskompetenz aufgebaut, gilt es zu prüfen, ob diese Kompetenz auch im Internet (z. B. über die Einrichtung eines Beratungs-Blogs) nutzbar und in einen Wettbewerbsvorteil umsetzbar ist. Andererseits ist aber auch zu prüfen, ob überhaupt entsprechende Ressourcen zur Verfügung stehen bzw. erworben werden können (z. B. genügend Kapital oder Mitarbeiter/innen mit entsprechendem E-Business-Know-How), um eine E-Business-Internationalisierungsstrategie zu verfolgen.

Die **Wertkette** ist ein von Harvard-Professor Michael Porter entwickeltes Instrument, mit dem die Ausgestaltung und Kosten der einzelnen wertschöpfenden Aktivitäten in einem Unternehmen analysiert werden können. Bei der Entwicklung einer Internet-Exportstrategie können dabei die von Porter (1985) so benannten „primären" Aktivitäten – Eingangslogistik, Produktion bzw. Dienstleistungserbringung, Ausgangslogistik, Marketing & Vertrieb und Kundendienst sowie die „sekundären" Aktivitäten Beschaffung, Forschung & Entwicklung, Personalmanagement und Unternehmensinfrastruktur daraufhin überprüft werden, ob durch einen Einsatz von Internet-Technologien im jeweiligen Bereich positive Effizienz- und Kosteneffekte erzielbar wären. Im Bereich der Beschaffung könnte zum Beispiel die Anwendung von E-Procurement-Lösungen oder –Plattformen zu Kostenersparnissen führen. Die Analyse des Ist-Zustandes der Wertkette kann auch als Basis für weitere Überlegungen zu einer Überarbeitung des Geschäftsmodells (siehe Abschn. 1.4) dienen.

Bei der **Umfeldanalyse** stehen **Trends im internationalen Online-Geschäft** in der eigenen Branche, die Aktivitäten und möglicherweise bereits kommunizierten Pläne der **Mitbewerber** und die **rechtlichen Rahmenbedingungen** (siehe Abschn. 1.5) im Vordergrund. Auf jeden Fall sollte man sich über die E-Business-Initiativen der unmittelbaren Mitbewerber informieren. Studien zu generellen E-Business-Trends sind in vielen Fällen öffentlich über das Internet verfügbar. Bei Recherchen über Trends (z. B. zum Online-Nutzungs- bzw. Einkaufsverhalten) in bestimmten Zielländern können die statistischen Ämter der jeweiligen Länder oder die Internet-Statistiken des EU-Statistikamtes Eurostat als Auskunftsquellen dienen. Für eine Einschätzung der Wettbewerbssituation in den jeweiligen Ländern können die Außenhandelsvertretungen des eigenen Landes (z. B. die deutschen Außenhandelskammern oder die österreichischen Außenwirtschaftscenter) als mögliche Ansprechpartner dienen.

Die wesentlichen Ergebnisse der Unternehmens- und Umfeldanalyse können im Rahmen einer sogenannten **SWOT-Analyse** verdichtet werden, bei der die Stärken und Schwächen (engl. *strengths* und *weaknesses*) des Unternehmens im Bezug auf das Auslandsgeschäft über das Internet den Chancen und Bedrohungen (engl. *opportunities* und *threats*) gegenübergestellt werden, die sich auf den internationalen Online-Märkten ergeben. Besondere Beachtung sollten dabei für die weitere Strategieentwicklung jene Bereiche finden, in denen Marktchancen mit eigenen Stärken zusammentreffen.

In einem nächsten Schritt werden klare **Ziele für die internetbasierte Exportstrategie** formuliert. Dabei geht es um grundlegende Ziele (z. B. auf bestimmten Auslandsmärkten präsent sein, aktiv Kunden gewinnen, Geschäftspartner finden) ebenso wie um eine konkrete Quantifizierung (z. B. „Wieviel Prozent des Umsatzes soll in den nächsten drei Jahren mit ausländischen Kunden über das Internet gemacht werden?"). Ziele können auch bezüglich der geografischen Marktabdeckung definiert werden. Dabei ist zu überlegen, ob mehrere Auslandsmärkte auf einmal bearbeitet werden sollen, oder ob eine schrittweise Vorgangsweise zu bevorzugen ist. Einen Markt nach dem anderen zu bearbeiten, hat den Vorteil, dass der Ressourceneinsatz zunächst geringer ist und dass man von den gemachten Erfahrungen lernen kann. Andererseits könnten sich durch den zeitverzögerten Markteintritt Möglichkeiten für Mitbewerber ergeben, sich auf nicht bearbeiteten Märkten zu etablieren.

Die folgenden beiden Schritte im Strategieentwicklungsprozess – die **Auswahl der Zielmärkte** für den Export über das Internet sowie der **Entwicklung des Internet-Geschäftsmodells** – nehmen eine zentrale Rolle für den Geschäftserfolg im internetbasierten Exportgeschäft ein, daher sind ihnen eigene Abschnitte in diesem Kapitel gewidmet (1.3 bzw. 1.4).

Schließlich sind auch noch konkrete Strategien für das **Online-Marketing** und für den **Vertrieb über das Internet** zu entwickeln. Dabei geht es um die Positionierung der eigenen Marke in den Exportmärkten ebenso wie um die Auswahl der richtigen Instrumente des digitalen Marketings (z. B. Social Media, Suchmaschinenwerbung) und die Entwicklung des Vertriebskonzeptes (z. B. über einen eigenen Webshop oder die Nutzung bestehender Internet-Marktplätze).

Aufbauend auf die generelle Marktbearbeitungsstrategie sind für die wesentlichen Investitionsbereiche (z. B. Erstellung und Betreuung der Website bzw. des Webshops, laufende Bearbeitung von Social Media-Kanälen, Suchmaschinenmarketing, Kundenservice, Logistik, Zahlungsabwicklung) **„Make-or-Buy"**-Entscheidungen darüber zu treffen, ob bestimmte Tätigkeiten selbst abgewickelt oder von Dienstleistern zugekauft werden sollen. Dabei ist vor allem auch zu prüfen, ob es Dienstleister gibt, die ihre Leistungen über mehrere Länder hinweg anbieten können oder ob es besser ist, für jeden einzelnen Markt einen lokalen Dienstleister zu suchen.

Nachdem die wesentlichen strategischen Entscheidungen über Ziele, Zielmärkte, Geschäftsmodell, Marketingstrategie, Vertriebskonzept sowie Eigenleistung oder Fremdbezug getroffen worden sind, kann darauf aufbauend ein **Budget** für das Internet-Exportgeschäft erstellt werden und mit der **operativen Umsetzung** begonnen werden. Zu den wesentlichen **Kostenkategorien** im Budget für das Exportgeschäft über das Internet gehören (vgl. Stallmann und Wegner 2015, S. 378 ff.):

- Kosten der Websiteanpassung;
- Kosten des Webshops (Mitarbeiter Produktverwaltung und IT, Software-Lizenzen, Serverhosting);
- Übersetzungskosten;

- Marketing-Kosten (Personalkosten; Social-Media-Betreuung, Suchmaschinen-marketing, Suchmaschinenoptimierung; Online-Werbekampagnen);
- Kosten des Kundenservice (Mitarbeiter oder Call Center);
- Kosten der Zahlungsabwicklung, der Buchhaltung und des Inkassos;
- Logistikkosten (Mitarbeiter, Verpackung, Versand);
- Kosten der Exportabwicklung (Mitarbeiter, Zölle, Kosten der Abwicklung des operativen Exportprozesses);
- Kosten des Retourenmanagements;
- Delkredere-Kosten (Risiko von Forderungsausfällen bei Auslandskunden);
- Kosten der Absicherung von Risiken (z. B. Absicherung gegen Währungs-schwankungen oder Transportrisiken);
- Kosten für Rechts- und IT-Beratung;
- Kosten für Mitarbeitertraining.

Neben den Budgetzahlen können auch noch weitere quantitative Erfolgsindikato-ren festgelegt werden (z. B. hinsichtlich der Anzahl von Neukunden, der Zugriffe auf Website und Webshop oder der Anzahl von „Followers" auf Social-Media-Seiten), anhand derer eine laufende **Erfolgskontrolle** während der Strategieumset-zung vorgenommen werden kann.

1.3 Die Auswahl der Zielmärkte für den Export über das Internet

Bei der Auswahl von Zielmärkten im Ausland stehen grundsätzlich fünf Faktoren im Mittelpunkt: das Marktpotenzial, das Marktrisiko, die Kostenstruktur unter Be-rücksichtigung der Zusatzkosten des Auslandsvertriebs, die eigenen Wettbewerbs-vorteile und die zur Verfügung stehenden Ressourcen zur Bearbeitung des Marktes.

Marktchancen bzw. **Marktpotenziale** können eingeschätzt werden, in dem man sich über die Größe und das Wachstum des jeweiligen Marktes (bzw. des Teil-marktes für bestimmte Produktangebote), Besonderheiten und Trends im Kauf-verhalten, die technologische Infrastruktur, das Preisniveau und die Anzahl der Internet-User bzw. Internet-Käufer in potenziellen Zielmärkten informiert. Bei der Einschätzung des Preisniveaus können lokale Preisvergleichsplattformen im Inter-net helfen. Anhaltspunkte für Konsumentenpräferenzen in bestimmten Ländern können auch Ranglisten der am besten verkauften Produkte auf lokalen Internet-Marktplätzen darstellen. Wichtig sind für die Einschätzung des Marktpotenzials für den Auslandsvertrieb vor allem die **logistischen Rahmenbedingungen** im Zielmarkt. Gibt es entsprechend zuverlässige Logistikdienstleister vor Ort, und zu welchen Bedingungen (Lieferzeit, Versandkosten) könnten diese die eigenen Produkte zu den Auslandskunden befördern?

Über **Marktrisiken** in bestimmten Ländern informieren Länderrisikobewertungen von internationalen Organisationen (z. B. die OECD Country Risk Classifications), von Finanzdienstleistern (z. B. die Country Risk Assessments des Kreditversicherers Coface) oder von spezialisierten kommerziellen Anbietern (z. B. der BERI-Index oder die Risikoanalyse-Dienstleistungen der The Economist Intelligence Unit). Über Kreditkarten-Serviceunternehmen lassen sich auch Daten über Länder und Regionen bekommen, in denen es ein erhöhtes Kreditkarten-Betrugsrisiko gibt. Besonders wichtig für den Auslandsvertrieb sind auch Währungsrisiken, die dann relevant werden, wenn den Kunden die Möglichkeit geboten wird, in einer anderen Währung als der Heimwährung des Unternehmens zu bezahlen. In diesem Fall empfiehlt sich ein Gespräch mit Banken über die Möglichkeit der Absicherung von Währungsrisiken. Zu beachten ist dabei auch, dass es in bestimmten Ländern Einfuhrbestimmungen oder Handelsschranken geben kann (z. B. Einfuhrverbote, Importquoten oder Embargos), die einen Export dorthin unmöglich machen. Auch lokale Normen und Vorschriften (z. B. für Verpackungen und deren Etikettierung) sollten beachtet werden, da sie entweder einen Ausschließungsgrund für den Export in ein bestimmtes Land darstellen oder Zusatzkosten für die Produktanpassung mit sich bringen können.

Die **Zusatzkosten des Auslandsvertriebs** sind meist ebenfalls länderabhängig. Einerseits gibt es unterschiedliche Transportkosten aufgrund der Entfernungsdifferenzen (Transport- und Logistikdienstleister wie Speditionen oder international tätige Paketdienste können dazu nähere Auskunft geben), andererseits sind aber auch die Kosten der Exportabwicklung, eventuell anfallende Steuern, Abgaben und Zölle (Auskünfte dazu geben die nationalen Zollbehörden), Verpackungs-, Zahlungsverkehrs- und Risikoabsicherungskosten zu berücksichtigen. Bei entsprechenden rechtlichen Rahmenbedingungen sind (z. B. aufgrund der EU-Verbraucherrechterichtlinie) beim Internetvertrieb auch Kosten von Rücksendungen und deren Bearbeitung einzukalkulieren.

Wenn ein Markt aufgrund eines hohen Marktpotenzials bei relativ geringen Risiken attraktiv scheint und trotz der Zusatzkosten des Auslandsvertriebs ein konkurrenzfähiges Preisangebot möglich ist, ist des Weiteren zu erheben, ob man mit dem eigenen Leistungsangebot **Wettbewerbsvorteile** gegenüber den Mitbewerbern am Zielmarkt ausspielen kann.

Lässt sich auch dieser Punkt positiv beantworten, bleibt noch die Frage, ob ausreichende **Ressourcen** zur Verfügung stehen, um den ausgewählten Zielmarkt zu bearbeiten. Dabei ist vor allem zu überlegen, ob Investitionen in Übersetzungen der Website bzw. des Webshops oder der Aufbau von Kundenservice-Mitarbeitern (oder der Beauftragung entsprechender Dienstleister) in der Sprache des Ziellandes notwendig sind.

Nach einer genauen Prüfung dieser Faktoren können die Zielmärkte in verschiedene Klassen eingeteilt werden (Stahl et al. 2012):

a) Länder, die aktiv bearbeitet werden;
b) Länder, in die man nur auf Anfrage liefert;
c) Länder, in denen keine Lieferungen getätigt werden (z. B. aufgrund von Einfuhrbeschränkungen oder zu hoher Länderrisiken).

1.4 Geschäftsmodelle

Ein Geschäftsmodell beschreibt die Grundlogik, nach der ein Unternehmen funktioniert. In einem Geschäftsmodell werden das Nutzenversprechen an Kunden und Partner, die Art der Wertgenerierung im Unternehmen und die Form der Umsetzung des Nutzens in Umsätze definiert (vgl. Schallmo 2013, S. 16). Das Internet hat neue Formen des Nutzens für Kunden und Partner geschaffen (beispielsweise erhöhte Preistransparenz für Kunden und erhöhte Markttransparenz für Partner). Diese neuen Möglichkeiten, Nutzen zu stiften, können Unternehmen auch im Exportgeschäft nutzen. Dabei ist es sinnvoll, die einzelnen **Dimensionen eines Geschäftsmodells** näher zu betrachten (vgl. Schallmo 2013, S. 16):

a) Kundendimension: Kundensegmente, Kundenkanäle und Kundenbeziehungen
b) Nutzendimension: Leistungen und Nutzen
c) Wertschöpfungsdimension: Ressourcen, Fähigkeiten und Prozesse
d) Partnerdimension: Partner, Partnerkanäle und Partnerbeziehungen
e) Finanzdimension: Umsätze und Kosten

Die Geschäftsmodelldimensionen sind allgemein gültig und unabhängig von der fortschreitenden Digitalisierung von Unternehmen. Allerdings hat die Digitalisierung die Gestaltung und Vielfalt der Geschäftsmodelle sowie die Ausprägung ihrer Dimensionen stark beeinflusst.

Im Internet haben sich verschiedene Formen von Geschäftsmodellen entwickelt (Kollmann 2013, S. 56; Wirtz 2013, S. 41):

• „Content": Die Bereitstellung von Inhalten für Nutzer (mit den Erlösmodellen bezahlte Inhalte bzw. Werbung);

- „Commerce": Die Anbahnung oder Abwicklung von Geschäftstransaktionen (finanziert über Transaktionsgebühren oder Werbung);
- „Context": Die Systematisierung von Inhalten (z. B. Suchmaschinen, Preisvergleichsplattformen, Web-Kataloge), meist werbefinanziert;
- „Connection": Die Herstellung von Verbindungen zwischen potenziellen Vertragspartnern (z. B. Kleinanzeigenportale), finanziert z. B. über Gebühren für die Objektaufnahme oder Werbung;
- „Communication": Die Schaffung von Kommunikationsverbindungen zwischen Menschen (z. B. soziale Netzwerke), finanziert meist über Verbindungsgebühren oder Werbung.

In Tab. 1.1 werden mögliche Auswirkungen von Internet-Geschäftsmodellen auf die Exporttätigkeit von Unternehmen in den einzelnen Geschäftsmodelldimensionen dargestellt.

Im Bereich der **Kundendimension** können neue Kundensegmente angesprochen werden, und zwar einerseits in neuen Märkten (z. B. Internationalisierungsstrategie über einen Onlineshop), andererseits aber auch über neue Kommunikationskanäle (z. B. mit einer mehrsprachigen Website oder einem Social Media-Auftritt).

Die **Nutzendimension** ist von zentraler Bedeutung. Durch das Internet kann Nutzen für Kunden gestiftet werden, die bisher davon ausgeschlossen waren. Darunter fällt zum Beispiel die Lieferung von Waren und Dienstleistungen in das Land, in dem der Kunde wohnt, oder die Bereitstellung von erweiterten Informationen (beispielsweise in Form eines Blogs mit spezifischen Informationen). Zusatznutzen kann durch das Verknüpfen von Kunden bzw. Partnern (z. B. in Form einer Bereitstellung von Bewertungsmöglichkeiten oder einem Produktvideo in einer spezifischen Sprache) oder durch neue Kommunikationsmöglichkeiten (beispielsweise über das Anbieten von mehrsprachigem Chat oder Videotelefonie) geschaffen werden.

Die **Wertschöpfungsdimension** bezieht sich auf Ressourcen, Fähigkeiten und Prozesse. Dabei können materielle Ressourcen bereitgestellt werden, wie zum Beispiel spezifische Hard- oder Software, die an internationale Märkte angepasst sind. Auch immaterielle Ressourcen, wie Bereitstellung von Daten (Produktdaten, Benchmarking-Daten, länderspezifische Konfigurationsdaten) können einen Mehrwert bieten. Fähigkeiten von Personen, die mit der Produktion, Lieferung, Montage, Konfiguration und Wartung von Produkten und Leistungen betraut sind, sind bei der Internationalisierung oft anzupassen, unter anderem durch die Erweiterung von Sprachkenntnissen oder den Einsatz von Partnern in den jeweiligen Märkten. Auch Prozesse verändern sich häufig durch die Internationalisierung. Das betrifft

Tab. 1.1 Geschäftsmodelldimensionen und Export. (Quelle: Autoren)

Geschäftsmodelldimension	Auswirkungen des E-Business auf die Exporttätigkeit
Kundendimension	Aufbau neuer Kundensegmente durch *Commerce*
	Veränderung der Kundenkanäle durch *Content* und *Communication*
	Neue Formen von Kundenbeziehungen durch *Connection*
Nutzendimension	Anbieten von erweiterten bzw. neuen Leistungen durch *Content* und *Commerce* Schaffen von Zusatznutzen durch *Commerce* und *Connection*
Wertschöpfungsdimension	Bereitstellung von materiellen Ressourcen (z. B. Hardware und Software) oder immateriellen Ressourcen (z. B. Daten) über *Commerce*
	Bereitstellung bzw. Optimierung von Fähigkeiten, wie Know-how von Mitarbeitern (im Sinne von vereinfachtem Zugriff) durch *Content* bzw. *Connection*
	Vereinfachung bzw. transparent machen von Prozessen (u. a. Bestellprozessen) im Sinne von *Connection* und *Communication*
Partnerdimension	Identifikation neuer internationaler Partner durch *Connection*
	Ausbau der Partnerkanäle und Vertiefung der Partnerbeziehungen durch *Commerce*, *Connection* und *Communication*
Finanzdimension	Umsatzsteigerung durch *Commerce* und *Connection*
	Verringerung der Kosten durch *Content*, *Context* und *Commerce*

sowohl unternehmensinterne Prozesse als auch solche mit unmittelbarem Kundenbezug. Bei Exportaktivitäten in verschiedene Länder kann die Komplexität der Prozesse stark zunehmen. Eine elektronische Abbildung und teilweise ein Verfügbarmachen von Prozessinformationen stellt eine Möglichkeit dar, die Komplexität handhabbar zu machen.

Im Bereich der **Partnerdimension** liegt der Schwerpunkt auf der Neugewinnung sowie der Betreuung von bestehenden Partnern. Die Gewinnung neuer Partner kann in klassischer Form erfolgen (Messen, Beratung durch Außenhandelsstellen, direkte persönliche Kontakte) oder über das Internet (z. B. über professionelle soziale Netzwerke, wie LinkedIn und Xing). Häufig sind Mischformen anzutreffen.

Die **Finanzdimension** bezieht sich auf Umsätze und Kosten. Ebenso können rechtliche Aspekte und Zollformalitäten dieser Kategorie zugeordnet werden. Wie bereits aus den Entwicklungen in den anderen Dimensionen ableitbar, kann die Kombination aus E-Business und Export Änderungen bei den Umsätzen und Kosten nach sich ziehen. Herausforderungen, die dabei zu bewältigen sind, betreffen die Handhabung von unterschiedlichen Währungen (inkl. des Währungsrisikos), die vereinfachte Vergleichbarkeit von Preisen (z. B. durch Preissuchmaschinen) sowie die Preisunterscheide, die durch unterschiedliche Transportkosten und Zolltarife entstehen.

1.5 Rechtliche Rahmenbedingungen

Das rechtliche Umfeld für die Geschäftstätigkeit über das Internet ist von Land zu Land verschieden. Neben vertrags- und zollrechtlichen Fragen, die für alle exportierenden Unternehmen Relevanz haben, gibt es noch weitere rechtliche Rahmenbedingungen, die speziell bei der Abwicklung internetbasierter Exportgeschäfte zu beachten sind.

In der Europäischen Union sind hier vor allem die Bestimmungen zu **Fernabsatzverträgen** (und dazu zählt auch jede ausgeführte Kundenbestellung über das Internet) zu beachten, die in der EU-Verbraucherrechterichtlinie (Richtlinie 2011/83/EU des Europäischen Parlaments und des Rates vom 25. Oktober 2011) festgelegt sind. Für exportorientiertes E-Business besonders relevant sind Vorschriften über den Ablauf von **Bestellprozessen**, über **Widerrufsrechte** für Kunden und über **Informationspflichten**, die seitens des Unternehmens vor Abschluss eines Fernabsatzvertrages mit einem Verbraucher zu erfüllen sind (nebst vieler anderer Bestimmungen betrifft dies z. B. die Inhalte eines Impressums, die Zahlungs-, Liefer- und Leistungsbedingungen inklusive der genauen Versandkosten für den Bestimmungsort und eine klare Information bezüglich des Widerrufsrechts). Auch länderspezifische Bestimmungen zum **Datenschutz**, zum **Schutz geistigen Eigentums** (z. B. Copyrights für im Internet verwendete Fotos) oder zur Ausgestaltung von **Allgemeinen Geschäftsbedingungen** müssen entsprechend berücksichtigt werden.

In jedem Fall ist unabhängig davon, ob eine Exporttätigkeit über das Internet innerhalb der EU oder in Drittländer geplant ist, eine Einbeziehung von Rechtsexperten für das jeweilige Zielland bei der konkreten Ausgestaltung und Prüfung von Website-Inhalten, Webshop, Kaufverträgen sowie Liefer- und Geschäftsbedingungen unbedingt zu empfehlen.

Rechtliche Rahmenbedingungen grenzüberschreitender (elektronischer) Warenverkäufe (Andrea Haberl, Fachhochschule Kärnten)

Die folgende Analyse beschränkt sich auf vertragsrechtliche Gesichtspunkte von grenzüberschreitenden Warenverkäufen. Untersucht wird die Thematik aus der Perspektive eines österreichischen Unternehmers als Exporteur. Sofern EU-Recht und das UN-Kaufrechtsübereinkommen auch in anderen europäischen Staaten (wie z. B. Deutschland) gelten, sind die nachfolgenden Ausführungen auch für deren exportierende Unternehmer nicht ohne Wert.

Verkauft ein österreichischer Unternehmer Waren an einen **Unternehmer** mit Sitz in einem anderen EU-Mitgliedsstaat, ist in erster Linie eine **Gerichtsstands- und Rechtswahlklausel** anzuraten. Empfehlenswert wäre die Begründung einer Gerichtszuständigkeit in Österreich und die Vereinbarung der Anwendung österreichischen Rechts unter Ausschluss des UN-Kaufrechtes (siehe Art 3 Rom I iVm Art 6 UN-Kaufrecht). **Wird keine Rechtswahl getroffen**, hätte das Gericht für jeden zu prüfenden Anspruch abzuklären, welche der in Betracht kommenden, miteinander kollidierenden Rechtsordnungen zur Anwendung gelangt (Haberl 2005, S. 183). Ein österreichischer Richter – sofern zuständig – würde das österreichische internationale Privatrecht konsultieren, um das anzuwendende Recht zu ermitteln. Art 4 Abs 1 lit a der EU-Verordnung Rom I beruft das Recht am Sitz des österreichischen Verkäufers (sogenannte Vorschaltelösung; vgl. Haberl 2010, S. 9 f.; zum vereinheitlichten IPR vgl. Haberl 2006, S. 4). Teil des österreichischen Rechtes bildet das UN-Kaufrechtsübereinkommen, weil Österreich Vertragsstaat desselbigen ist. Dieses Übereinkommen enthält materielles Recht für grenzüberschreitende Werklieferungs- und Warenverkäufe. Allerdings kennt das UN-Kaufrecht verschiedene Ausnahmen von seinem Anwendungsbereich (z. B. für bestimmte Warenarten, Transaktionen sowie bestimmte Mischverträge; vgl. zum sachlichen und zeitlichen Anwendungsbereich die Artt 1–3, 92, 94–95, 99–100 UN-Kaufrecht). Liegt einer dieser Ausschlusstatbestände vor, kommt nationales, österreichisches (Kauf-)Recht zur Anwendung (siehe insbesondere das 4. Buch des UGB und §§ 1052 ff. ABGB). Sollte der österreichische Unternehmer an einen Unternehmer mit Sitz im außereuropäischen Ausland verkaufen, ist eine Abklärung der Rechtslage mit ausländischen Rechtsberatern von Nöten. Außerdem wären die EU-Außenzölle gegenüber Drittstaaten und dem EWR (z. B. Liechtenstein) zu beachten.

Verkauft ein österreichischer Unternehmer an einen **Verbraucher** mit gewöhnlichem Aufenthalt in einem anderen EU-Mitgliedsstaat, lässt sich kein Gerichtsstand in Österreich begründen (Art 15 Brüssel I-VO). Europäische Verbraucher haben stets einen Gerichtsstand in ihrem Heimatland. Denkbar wäre jedoch die Wahl österreichischen Rechtes, wenngleich mit einer Einschränkung: Die Rechtswahl darf nicht dazu führen, dass dem Verbraucher der bessere Schutz seines Heimatlandes entzogen wird (Art 3 Abs 2 Rom I). In Ermangelung einer Rechtswahl würde Art 6 Rom I zum Recht des Staates führen, in dem der Verbraucher seinen gewöhnlichen Aufenthalt hat. Voraussetzung dafür ist, dass der österreichische Unternehmer Werbemaßnahmen und Anbahnungshandlungen im Verbraucherland gesetzt oder eine solche Tätigkeit zumindest auf diesen Staat ausgerichtet hat (z. B. mittels Website). Fehlt es an solchen Anbahnungshandlungen, verweist Art 4 Rom I auf das österreichische Recht. Sollte der österreichische Unternehmer an einen Verbraucher mit gewöhnlichem Aufenthalt außerhalb der EU verkaufen, ist die Einholung einer Beratung zum ausländischen Recht, insbesondere zur Zulässigkeit einer Rechtswahl- und Gerichtsstandsklausel unumgänglich.

Europaweit existiert vereinheitlichtes Sachrecht ua. zum Fernabsatz, zu Haustürgeschäften bzw. Werbefahrten, zu Gewährleistungsbehelfen der Käufer und zur fairen Ausgestaltung von Vertragsklauseln, zu rechtlichen Aspekten des elektronischen Geschäftsverkehrs sowie zum Schutz der Kundendaten (zum vereinheitlichten Sachrecht vgl. Haberl 2006, S. 4). Einschlägige EU-Richtlinien setzten in den letzten Jahren Mindestanforderungen an EU-Staaten, die in die nationalen Rechtsordnungen der Mitgliedsstaaten zu implementieren waren (vgl. zum sogenannten Consumer Acquis Haberl 2009). Bei **Fernabsatzgeschäften** (Kaufangebot des Verbrauchers über E-mail, Telefax, Telefon oder per Katalog) besteht bspw. ein gesetzliches Rücktrittsrecht des Verbrauchers (siehe österreichische Umsetzung in § 11 FAGG). Der österreichische Exporteur sollte im eigenen Interesse die in §§ 4–8 FAGG normierten Informationspflichten (über Daten des Verkäufers, das Abschließen einer zahlungspflichtigen Bestellung, Lieferbeschränkungen, Zahlungsmittel und Rücktrittsrechte etc.) in verständlicher Sprache erfüllen, widrigenfalls sich die Rücktrittsfrist von 14 Tagen auf 12 Monate verlängert (§ 12 FAGG). Auch Bestätigungspflichten (in Bezug auf ein Vertragsangebot) nach § 9 FAGG sind zu erfüllen. Die Kosten von Warenrücksendungen können dem Verbraucher im Fernabsatz nur dann überwälzt werden, wenn dies vorab mit ihm vereinbart wurde (§ 15 FAGG). Gemeinsames Merkmal vieler grenzüberschreitender Streitigkeiten mit Verbrauchern ist ein grobes Missverhältnis zwischen Streitwert und zu erwartenden Prozesskosten. Zur Überwindung dieser Schwierigkeiten dient ein europäisches Netzwerk an außergerichtlichen (online-) Streitbeilegungsverfahren (vgl. Haberl 2004). Zur weiteren Harmonisierung existiert bereits ein Entwurf des Europäisches Parlamentes und Rates für ein Europäisches Kaufrecht (sogenanntes CESL). Derzeit ist unklar, ob dieser Entwurf in Hinkunft Verordnungscharakter tragen wird.

Betreibt der österreichische Unternehmer eine Website (bzw. einen Onlineshop, verschickt er newsletter etc.) sind sowohl bei Verbrauchergeschäften als auch bei beidseitig unternehmensbezogenen Geschäften nach dem österreichischen Recht gesetzliche Informationspflichten (wie §§ 5, 6, 9 ECG, § 63 GewO, § 14 UGB, § 24 MedienG, vgl Sonntag 2010, 137ff) und Vorschriften zur Gestaltung der Geschäftspapiere einzuhalten (§ 63 GewO, § 14 UGB). Eine Nichtbeachtung dieser Vorschriften löst Verwaltungsstrafen aus, verhindert das Zustandekommen von Verträgen und/oder führt zu Wettbewerbsverstößen (siehe UWG). Unerbetene Nachrichten zu Werbezwecken bedürfen der vorherigen Zustimmung durch den Empfänger (§ 107 TelekommunikationsG). § 11 ECG verpflichtet die Diensteanbieter ihre Allgemeinen Geschäftsbedingungen bei elektronischen Vertragsabschlüssen so zur Verfügung zu stellen, dass sie abgespeichert werden können (vgl Janisch/Mader 2011, S. 67f). Allgemeine Geschäftsbedingungen des Verkäufers werden nur dann Vertragsbestandteil, wenn diese nachweislich dem Käufer (Unternehmer oder Verbraucher) zur Kenntnis gebracht und von diesem akzeptiert wurden. Für beides ist der Verkäufer beweispflichtig. Eine weitere Besonderheit bei elektronischen Verträgen ist darin begründet, dass Unterschriften der Parteien durch elektronische Signaturen ersetzt werden können (SigG).

Der exportorientierte Internetauftritt 2

Im Laufe der letzten Jahre hat sich das Internet stark gewandelt. Multimediale, interaktive und von Nutzern generierte Inhalte werden immer wichtiger. Durch die rasante Entwicklung am Mobilfunkmarkt und die Verfügbarkeit immer leistungsfähigerer mobiler Endgeräte gewinnt auch die mobile Nutzung des Internets immer mehr an Bedeutung. Die erweiterten Möglichkeiten des Internets ergeben gerade auch für kleine und mittelgroße Unternehmen viele neue Chancen für den Auf- und Ausbau des Geschäfts auf internationalen Märkten, für die Neukundenakquisition ebenso wie für die Bedienung sehr spezialisierter Nischenmärkte. Die Präsenz im Internet alleine ist dabei aber meist nicht ausreichend. Für einen effektiven internationalen und exportorientierten Internetauftritt sind einige wesentliche Erfolgsfaktoren zu beachten.

2.1 Erfolgsfaktor Responsive Design

Seit dem ersten iPhone des Jahres 2007 hat sich eine Vielzahl mobiler Endgeräte mit ganz unterschiedlichen Bildschirmgrößen am Markt etabliert. Die klassischen, auf die Breite von PC- und Laptopbildschirmen ausgerichteten Websites sind auf diesen Geräten nur schwer lesbar. Basierend auf den Webstandards CSS3 (insbesondere den „Media Queries"), HTML5 und JavaScript gibt es seit einigen Jahren die Möglichkeit, Websites nach dem sogenannten „Responsive Design"-Prinzip zu gestalten. Der Aufbau der Website „reagiert" dabei auf die jeweiligen Anforderungen, die ein Endgerät aufgrund seiner Bildschirmgröße stellt. Das bedeutet, dass man nur eine Website für die unterschiedlichsten Ausgabegeräte (auch solche, die noch nicht am Markt sind) erstellen muss und keine eigene mobile Website benötigt. Dies stellt vor allem auch bei mehrsprachigen Websites eine deutliche Vereinfachung und Kostenersparnis dar, da nicht mehr so viele verschiedene Web-

© Springer Fachmedien Wiesbaden 2016
W. Eixelsberger et al., *E-Business im Export,* essentials,
DOI 10.1007/978-3-658-11555-5_2

site-Vorlagen (sogenannte „Templates") gestaltet und gewartet werden müssen. Seit dem Jahr 2015 ist das Vorhandensein eines Responsive Designs auch ein Reihungskriterium für Webseiten für das Ranking bei der Suchmaschine Google. Es gibt als Alternative für Unternehmen, die derzeit noch kein Responsive Design verwenden oder noch keine mobile Version ihrer Website haben, Diensteanbieter (z. B. Shopgate), die „normale" Online-Shops in mobile Websites oder Apps umwandeln, und so eine Teilnahme am mobilen Geschäft (dem sogenannten **M-Commerce**) ermöglichen.

2.2 Erfolgsfaktor Mehrsprachigkeit und länderspezifische Anpassung

Um die Kunden in den Auslandsmärkten bestmöglich erreichen und ansprechen zu können, stellen exportorientierte Unternehmen ihre Informationen mehrsprachig auf ihren Websites zur Verfügung. Dabei ist zunächst darauf zu achten, dass die technischen Voraussetzungen für die Erstellung und Verwaltung einer Website in mehreren **Sprachversionen** vorhanden sind (Unterstützung der Mehrsprachigkeit bei der Server- und Datenbanksoftware, dem Content Management-System und den Webapplikationen). Gegebenenfalls ist auch auf die Unterstützung verschiedener Alphabete (z. B. von kyrillischer Schrift, wenn die Zielmärkte Russland oder Bulgarien angesprochen werden sollen) oder aber auch auf die Möglichkeit einer Änderung der Leserichtung (z. B. für arabische oder hebräische Versionen) zu achten. Der Unicode nach ISO 10646 ist international als Standard für Zeichencodes anerkannt und unterstützt die meisten gängigen Sprachen. Bei der Erstellung von Websites sollten die verschiedenen Sprachversionen für alle Menü- und Navigationselemente nicht direkt im Programmcode der Website eingebaut (hier lassen sich nämlich nur sehr aufwendig Änderungen bzw. Ergänzungen vornehmen), sondern in einer leicht veränderbaren Datenbank hinterlegt werden.

Zu empfehlen ist, dass die jeweiligen Sprachinhalte über eine **eigene URL** erreichbar sind (z. B. über eine eigene länderspezifische Domain wie www.exportchampion.it, eine Subdomain (z. B. it.exportchampion.com) oder einen eigenen Ordner der Webseite (z. B. www.exportchampion.com/it)). Länderspezifische Domains haben dabei den höchsten Verwaltungsaufwand, bieten aber andererseits eine klarere Lokalisierung in einem bestimmten Zielmarkt (verbunden aber oft auch mit der Erwartung der Kunden, dass es lokale Strukturen und eine hohe Erreichbarkeit des Unternehmens vor Ort gibt). Auf jeden Fall sollten die einzelnen Sprachen miteinander verlinkt sein, so dass ein einfaches „Umschalten" zwischen den Sprachen ermöglicht wird. Die automatische Weiterleitung aufgrund der Browser-Sprache bzw. der IP-Adresse eines Anwenders ist möglich, kann aber zu Fehlinterpretationen führen. Zielführendere Alternativen sind die Verwendung einer definierten Anfangssprache (meist Englisch) mit zusätzlicher Sprachwahlmöglichkeit oder der Vorschaltung einer Sprachauswahl auf der Haupteinstiegsseite.

Schlechte **Übersetzungen** können zu einem Vertrauensverlust auf Kundenseite führen. Deshalb ist das Engagement professioneller Übersetzungsbüros sehr zu empfehlen, selbst wenn einige Anbieter von Webshop-Diensten und -Software Sprachmodule und die automatische Übersetzung von Standardtexten anbieten.

Mehrsprachigkeit spielt zudem für das **Auffinden durch Suchmaschinen** (insbesondere bei der Google-Suche) eine wesentliche Rolle. Google stuft nämlich Inhalte, die mehrmals vorkommen (was bei mehrsprachigen ähnlichen Inhalten häufig der Fall ist) im Ranking herunter. Um diesen unerwünschten Effekt zu vermeiden, können sogenannte „Lokalisierungs-Markups" verwendet werden, welche Google (neben den IP-Adressen und den Länder-Top-Level-Domains wie z. B. „.at" für Österreich, „.it" für Italien oder „.de" für Deutschland) bei der Lokalisierung der Website unterstützen. Im Google Webmaster-Tool kann auch eine manuelle Zuordnung zu einem Land erfolgen. Allerdings ist dies nur für eine ganze Seite möglich, nicht für einzelne Unterseiten. Eine weitere Möglichkeit, das Suchmaschinenranking in einem bestimmten Land zu verbessern, ist, viele eingehende Links von Seiten aus dem Zielland zu bekommen.

Bei Webshops sind länderspezifische Anpassungen auch für Produktbeschreibungen, Impressum, allgemeine Geschäftsbedingungen, Preise (in der jeweiligen Landeswährung mit den entsprechenden Steuern, Zöllen und sonstigen Abgaben), Liefermöglichkeiten und Zahlungsverfahren vorzunehmen (siehe auch Abschn. 4.4 und 4.5 in diesem Essential).

2.3 Erfolgsfaktor Suchmaschinenoptimierte Website

Um unter den vielen Millionen Websites mit dem eigenen Angebot gefunden zu werden, empfiehlt sich eine **Suchmaschinenoptimierung** (*engl.* search engine optimization oder kurz SEO). Darunter versteht man Maßnahmen, um das Suchmaschinen-Ranking der eigenen Website zu erhöhen. So wird die Reihenfolge der Website-Anzeige bei der international führenden Suchmaschine Google z. B. nach dem von Larry Page entwickelten und nach ihm benannten PageRank-Mechanismus vorgenommen. Googles Suchalgorithmen bestehen aus einer Vielzahl verschiedener Parameter, von denen einige von Website-Betreibern beeinflusst werden können. Besonders wichtig ist dabei die Anzahl der Links von anderen Seiten mit hohem PageRank auf die eigene Website. Wenn die eigene Website zum

Beispiel auf populären Preissuchmaschinen gelistet wird (die meist selbst einen hohen PageRank haben), kann dies auch einen sehr positiven Effekt auf ihre Suchmaschinenbewertung haben. Weitere positive Wirkungen auf das Suchmaschinen-Ranking können durch eine strukturierte Verlinkung der Subseiten der eigenen Website, die Fähigkeit der Website, mobile Endgeräte zu unterstützen oder die Verwendung von relevanten Suchbegriffen innerhalb der Texte, Überschriften, Title Tags, URLs und Linktexte auf der Website entstehen.

Bei mehrsprachigen Seiten müssen alle wesentlichen **Suchbegriffe auch in der jeweiligen Landessprache** verfügbar sein. Bei Übersetzungen (insbesondere bei jenen, die von Programmen automatisch durchgeführt werden) sollte dabei darauf geachtet werden, dass bestimmte Wörter in unterschiedlichen Sprachen andere Konnotationen haben können. Hilfreich bei der Festlegung von Suchbegriffen kann auch der Google Keyword-Planer sein, ein Werkzeug, mit dem die Popularität bestimmter Suchwörter in definierten Zielmärkten eingeschätzt werden kann. Zur Suchmaschinenoptimierung gibt es auch zahlreiche weitere Werkzeuge, die online verfügbar sind und zum Beispiel duplizierte Inhalte, die Anzahl von eingehenden Links von anderen Websites oder den PageRank messen können. Mit Hilfe einer Webstatistikanalyse, die einmal vor und einmal nach der Optimierung durchgeführt wird, lassen sich die Auswirkungen von SEO-Maßnahmen überprüfen.

2.4   Erfolgsfaktor Vertrauen (Datenschutz und Gütesiegel)

Gerade im grenzüberschreitenden Geschäft spielen Vertrauen und (Daten-)Sicherheitsaspekte eine große Rolle. Bei der Übermittlung von Kundendaten oder anderen sensiblen Informationen über das Internet ist daher immer auf die Verwendung entsprechend gesicherter **Verschlüsselungssysteme** zu achten. Häufig verwendet werden die Verschlüsselungsprotokolle SSL oder TLS. Auch mit digitalen Signaturen oder digitalen Zertifikaten, die durch neutrale übergeordnete Instanzen („Trusted Third Parties") vergeben werden, kann der Datensicherheitsstandard erhöht werden.

Im Jahr 2009 wurde in der Europäischen Union eine Richtlinie verabschiedet, die den **Schutz personenbezogener Daten im Internet** regelt. Dieses auch als „Cookie-Richtlinie" bekannt gewordene Regelwerk schreibt vor, dass Unternehmen alle Nutzer ihrer Website aus der EU informieren müssen, ob und wofür sie Cookies (kleine Programme am Endgerät des Nutzers, die dem Websitebetreiber Profil- und Bewegungsdaten des Nutzers übermitteln können) verwenden. Ob die Unternehmen die ausdrückliche Zustimmung der Nutzer für die Verwendung von

Cookies brauchen oder nur eine Widerspruchsmöglichkeit anbieten müssen, ist derzeit aber in den nationalen Gesetzgebungen der einzelnen EU-Mitgliedsstaaten noch unterschiedlich geregelt.

Betreiber von Online-Shops können auch **zertifizierte Gütesiegel** verwenden, um potenziellen Kunden Vertrauenswürdigkeit zu signalisieren. Solche Zertifizierungen werden von verschiedenen kommerziellen Anbietern angeboten (z. B. vom in mehreren europäischen Ländern tätigen Unternehmen Trusted Shops oder dem „Trusted Store"-Programm von Google). Solche Anbieter überprüfen, ob vom Händler bestimmte Standards und Qualitätskriterien (z. B. hinsichtlich Identität, Erreichbarkeit, Datenschutz oder Liefersicherheit) eingehalten werden. Falls Online-Shops unter unterschiedlichen Länderdomains betrieben werden, ist üblicherweise je Land eine eigene Zertifizierung notwendig.

Eine Alternative zu den Zertifizierungen stellt die **Einbindung von Kundenbewertungsportalen** dar. Die Kunden können über eine vom Kundenbewertungsportal zur Verfügung gestellte Schnittstelle den jeweiligen Online-Shop bewerten. Der Durchschnitt der Bewertungen wird dann wiederum im Online-Shop dargestellt, was bei guten Bewertungen einen positiven Vertrauenseffekt auf potenzielle Neukunden haben kann.

Internationales Marketing und Kundengewinnung über das Internet

3

Das internationale E-Marketing kann zu Zwecken der Kundengewinnung und des Ausbaus von Geschäftsbeziehungen mit Kunden genutzt werden. Es geht dabei aber auch um die Markenführung, also um das Bild, welches man vom eigenen Unternehmen und seinen Angeboten bei den Kunden oder potenziellen Kunden erzeugen will.

Kunden sind im Internet auf der Suche nach Service und hilfreichen Informationen. Dabei ist es unerheblich, welche Kanäle dazu benutzt werden. Für Unternehmen ergibt sich daraus die Forderung, einen **Multi-Channel-Dialog** aufzubauen (vgl. BITKOM 2015, S. 13). Die nachstehenden Abschnitte geben Hinweise für die Gestaltung des E-Marketings in spezifischen internetbasierten Kommunikationskanälen.

3.1 Generelle Spezifika des E-Marketings im internationalen Kontext

Für das internationale E-Marketing ist es wichtig, seine **Online-Zielgruppe** im jeweiligen Auslandsmarkt klar zu definieren. Diese Zielgruppe kann sich durchaus von der Offline-Zielgruppe unterscheiden.

Auch im Internet ist es wichtig, eine **Markenidentität** zu schaffen. Die Kunden sollten also wissen, wofür eine Marke steht und wie sie sich von den Mitbewerbern am Markt abhebt. Daher sollte vor dem Einsatz von internetbasierten Kommunikationsinstrumenten zuerst einmal die Positionierung der eigenen Marke im Wettbewerbsumfeld des Zielmarktes klar definiert werden. Dabei geht es darum, die einzigartigen Leistungsmerkmale bzw. das Nutzenversprechen des eigenen Angebots für eine bestimmte Zielgruppe herauszustreichen. Daraus lässt sich dann auch die

© Springer Fachmedien Wiesbaden 2016
W. Eixelsberger et al., *E-Business im Export*, essentials,
DOI 10.1007/978-3-658-11555-5_3

Kernbotschaft ableiten, mit der die Kunden auf das eigene Angebot aufmerksam gemacht und dafür gewonnen werden sollen.

Wesentlich für den Erfolg des **E-Branding** (der Markenführung im Internet) ist ein einheitlicher Auftritt des Unternehmens auf allen internetbasierten Marketingplattformen wie z. B. der Unternehmenswebsite, dem Webshop, Social-Media-Auftritten, der Präsenz auf Marktplätzen oder in Werbebotschaften. Sie alle sollten idealerweise bezüglich inhaltlicher Ausrichtung und Gestaltung möglichst einheitlich sein, um eine klare Markenpositionierung im Internet zu erreichen.

Anderseits können beim Internet-Marketing im Auslandsgeschäft auch länderspezifische Besonderheiten eine Rolle spielen. So wurden in einer wissenschaftlichen Studie deutliche **kulturelle Unterschiede** in der Gestaltung von Websites, z. B. in Bezug auf die Nutzung von Symbolen, Farben, Layout, Multimedia- und Navigationselementen, festgestellt (Cyr & Trevor-Smith 2004). Auch die Akzeptanz der eingesetzten Werbeappelle (z. B. hinsichtlich des Einsatzes von Humor in der Werbebotschaft) sowie etwaige Werbebeschränkungen sind dabei zu beachten. Die Vorteile eines einheitlichen länderübergreifenden Auftritts (Kostenersparnis durch Standardisierung, Wiedererkennungswert) müssen dabei mit jenen der Anpassung auf lokale Spezifika, wie z. B. spezielle Kundenbedürfnisse oder kulturelle Gegebenheiten, abgewogen werden. Dabei kann auch eine kombinierte Strategie entwickelt werden, bei der es in manchen Bereichen Standards gibt, in anderen wiederum lokale Anpassungen.

Zu den wesentlichen Faktoren, bei denen eine solche Entscheidung über **Standardisierung vs. lokale Differenzierung** zu treffen ist, zählen:

- Sprache
- Gestaltung (Layout, Farben, Symbole, Navigation)
- Produkt- und Dienstleistungsangebot/Sortiment
- Produkt- und Dienstleistungsbeschreibungen
- Inhalte der Website/Information zum Unternehmen
- Kundenbewertungssystem
- Lieferarten
- Zahlungsmethoden
- Information über Datenschutz
- Kundenservicegrad/Verfügbarkeit
- Allgemeine Geschäftsbedingungen
- Nutzung verschiedener sozialer Medien
- Nutzung verschiedener Marktplätze

Eine zentrale Entscheidung im Zusammenhang mit der Positionierung von Angeboten im Internet ist die Wahl des **Domain-Namens** der eigenen Website. Dabei geht es sowohl um den eigentlichen Namen – für die internationale Nutzung ist ein englischsprachiger oder sprachneutraler Name hier meist von Vorteil („www.der-beste-tisch-vom-tischler.de" ist wahrscheinlich schwer in nicht-deutschsprachige Länder zu transferieren) – als auch um die Entscheidung über die Nutzung internationaler Domains (wie z. B. „.com") oder von verschiedenen Länderdomains (wie z. B. „.de", „.at", „.it"). Diese Entscheidung kann sich auch auf die Auffindbarkeit bei Suchdiensten auswirken, da manche lokale Suchmaschinen Domains des jeweiligen Landes bevorzugen, während eine einheitliche Domain mehr internationale Links auf diese Seite und damit auch höhere Rankings bei internationalen Suchmaschinen erzielen kann.

Internet-Marketing ist keine „Einbahnstraße". Eine Besonderheit des E-Marketing gegenüber dem klassischen Marketing ist seine **Dialogorientierung**. Wenn man Botschaften an Kunden in anderen Ländern in deren Landessprache schickt, muss man auch damit rechnen, dass man Anfragen in dieser Sprache bekommt und beantworten sollte. Wenn es im Unternehmen selbst keine Mitarbeiter mit entsprechenden Sprachkenntnissen gibt, kann man dabei auf Dienstleister wie z. B. Übersetzungsbüros oder lokale Call-Center-Betreiber zurückgreifen. In jedem Fall ist mit entsprechenden Kosten zu rechnen.

Ein wesentlicher Erfolgsfaktor für das internationale E-Marketing ist die Fähigkeit zum Aufbau von **Vertrauen**. Beim Anbieten von Produkten über das Internet hat der Kunde beschränkte Möglichkeiten, die Qualität des Produktes vor dem Versand zu kontrollieren und die Seriosität des Verkäufers zu überprüfen (vgl. Stallmann und Wegner 2015, S. 55). In verschiedenen Studien wurde festgestellt, dass das professionelle Design, die Benutzerfreundlichkeit und die Informationsqualität einer Website ebenso zum Vertrauensaufbau beitragen können wie klare Informationen zu Datensicherheit und Datenschutz sowie Gütesiegel (insbesondere für Webshops) (vgl. Stallmann und Wegner 2015, S. 61 ff.). Wesentlich sind in diesem Zusammenhang auch positive oder negative Kundenbewertungen, welche über einen Anbieter im Web verfügbar sind. Beim Anbieten von Leistungen im Ausland ist auch zu berücksichtigen, dass hier Kundenbewertungen in der jeweiligen Landessprache besondere Bedeutung bekommen können. Generell können lokale Inhalte oder Referenzen im jeweiligen Zielland zum Vertrauensaufbau beitragen.

Die **Messbarkeit** von internetbasierenden Marketingmaßnahmen ist gegenüber traditionellen Offline-Marketingaktivitäten generell höher. Beim E-Mail-Marketing lassen sich zum Beispiel Öffnungsraten und „Click-Through-Rates" (Prozentsatz der Klicks auf einen Link im E-Mail im Verhältnis zur Gesamtanzahl der verschickten E-Mails) messen, beim Social Media-Marketing die Anzahl der

Social Media-Kontakte bzw. die Anzahl aktiver Nutzerbeiträge, bei Werbekampagnen „Cost-per-Click" (Kosten pro tatsächlichem Klick auf eine Werbebotschaft) oder bei Suchmaschinenoptimierung die Kennzahl Google PageRank (siehe auch Abschn. 2.3 in diesem Essential).

3.2 Suchmaschinenmarketing

Beim **Suchmaschinenmarketing** geht es darum, von Internet-Usern gefunden zu werden, wenn diese in einer Suchmaschine im jeweiligen Zielland bestimmte Suchbegriffe eingeben, die mit den eigenen Produkten und Dienstleistungen zu tun haben. Man unterscheidet dabei Suchmaschinenoptimierung (*engl.* seach engine optimization, SEO) und Suchmaschinenwerbung (*engl.* search engine advertising, SEA).

Im Rahmen der **Suchmaschinenoptimierung** (siehe auch Abschn. 2.3) wird einerseits der Inhalt und das Format einer Website so gestaltet, dass diese von Suchmaschinen besser gefunden und gereiht werden (für jede Suchmaschine gibt es dazu andere Grundsätze, generell kann aber die Nutzung von Suchwörtern in Überschriften, in der URL der jeweiligen Seite sowie in sogenannten „Meta-Tags" empfohlen werden); andererseits geht es aber auch darum, mit anderen Websites so verlinkt zu sein, dass dies zu einer besseren Platzierung im Suchmaschinenranking bei der sogenannten „organischen Suche" (jene Ergebnisse, welche die Suchmaschine ohne Werbeeinschaltungen anzeigt) führt. Auch eine Registrierung der eigenen Website bei Suchmaschinenanbietern bzw. Einträge der Website in Online-Verzeichnisse (wie z. B. www.dmoz.org) können dabei helfen, bessere Suchmaschinenergebnisse zu erzielen. Des Weiteren können Links von anderen Websites (z. B. von befreundeten Unternehmen) zu besseren Ergebnissen führen.

Bei der **Suchmaschinenwerbung** können gegen Zahlung bestimmte Schlagwörter bzw. Suchwörter „gebucht" werden, bei deren Eingabe durch die Suchmaschinennutzer dann die Werbebotschaft des Unternehmens bzw. der Link zur eigenen Website angezeigt wird. Beispiele dafür sind die Dienste Google AdWords und Yahoo Search Marketing.

3.3 E-Mail-Marketing

Unter E-Mail-Marketing wird die Übermittlung Marketing-bezogener Informationen per E-Mail verstanden, die der Erreichung von Marketingzielen dienen sollen (vgl. Kreutzer et al. 2015, S. 60). E-Mail Marketing ist ein kostengünstiges

Instrument, um einerseits Kunden und Interessenten einfach ansprechen und Produkte direkt bewerben zu können, sowie andererseits, um den Markenauftritt zu stärken und Neuigkeiten zu verbreiten. Für exportierende Unternehmen ergeben sich beim E-Mail-Marketing Herausforderungen durch unterschiedliche Marktanforderungen, rechtliche Rahmenbedingungen und Mehrsprachigkeit.

Über E-Mail-Marketing erfolgt eine direkte und persönliche Kontaktaufnahme mit Kunden bzw. Interessenten. Das unterscheidet E-Mail-Marketing von anderen Marketingformen, wie zum Beispiel dem Display-Marketing, bei denen eine nicht-personenbezogene Kontaktaufnahme erfolgt. Die Qualität der Kontaktaufnahme muss im Falle von E-Mail-Marketing dementsprechend hoch sein, da Kunden bzw. Interessenten einen unmittelbareren Bezug zum Produkt bzw. zur Marke herstellen. E-Mails sollten dabei möglichst **personalisiert** werden, einerseits durch persönliche Ansprache, andererseits aber auch durch personalisierte E-Mail-Mutationen, mit denen die E-Mail-Empfänger ihren Interessen entsprechend angesprochen werden.

Neben der Verwendung bereits bekannter E-Mail-Adressen von Kunden ist für das E-Mail-Marketing die **Gewinnung neuer E-Mail-Adressen** von großer Bedeutung. Kunden oder Interessenten können E-Mail-Adressen zum Beispiel über Webseiten bekannt geben (bei Nachfragen oder Bestellungen), bei einer Teilnahme an Gewinnspielen, als Rückmeldung auf Werbekampagnen (z. B. auch in Printmedien), bei Interessentenkontakten oder bei Messeständen. E-Mail-Adressen für bestimmte Zielgruppen können aber auch von entsprechenden Adressdienstleistern gekauft werden.

E-Mail-Marketing wird zumeist integriert mit anderen Marketingformen durchgeführt. Eine entsprechende gemeinsame strategische Ausrichtung der verschiedenen Formen der Kundenansprache ist dabei zu empfehlen, damit die erwünschten Effekte tatsächlich eintreten können. Eine besondere Herausforderung stellt dabei Mehrsprachigkeit dar. Die E-Mail-Empfänger müssen in einer für sie verständlichen Sprache angesprochen werden. Dabei muss sichergestellt werden, dass nachfolgende Aktivitäten (Anfragen, Bestellungen, Reklamationen) zeitnahe in der jeweiligen Sprache abgewickelt werden können.

Die **Öffnungsraten** von E-Mails sind von mehreren Faktoren abhängig. E-Mails mit personalisierten Betreffzeilen und personalisierten Inhalten haben generell höhere Öffnungsraten. Auch der Zeitpunkt des Versands (Tageszeit, Wochentag, Monat) des E-Mails ist entscheidend (vgl. WKO 2013, S. 13). Dabei ist zu beachten, dass es länderspezifische Unterschiede gibt. Insbesondere ist auf Zeitverschiebungen und lokale Feiertage bzw. Ferientermine zu achten. Sollten unmittelbare Antworten bzw. Rückrufe von E-Mail Empfänger erfolgen, dann muss sichergestellt sein, dass diese rasch bearbeitet werden können.

3.4 Affiliate-Marketing und Display-Advertising

Viele Webseiten bieten sich als potentielle Werbeflächen (insbesondere im B2C-Bereich) an. Diese Möglichkeiten können über das sogenannte „**Affiliate-Marketing**" genutzt werden. Das bedeutet, dass Werbeflächen auf Websites von Partnerunternehmen eingebunden werden, um Internetnutzer auf das eigene Angebot aufmerksam zu machen (vgl. Kreutzer et al. 2015, S. 132).

Die Betreiber der Partner-Webseiten (oder auch Blogs) werden als „Affiliates" bezeichnet. In einem speziellen Anzeigenbereich auf diesen Webseiten können Text-, Bild-, Video- und auch interaktive Anzeigen geschaltet werden. Zumeist wird der Anzeigenplatz nicht direkt durch ein Unternehmen selbst gebucht, sondern über einen sogenannten **Displaypartner**. Einer dieser Partner ist zum Beispiel Google. Über das Google Display-Netzwerk können Unternehmen ihre Werbebotschaften gleichzeitig auf sehr vielen Webseiten schalten.

Die Partner-Webseiten werden vom Displaypartner analysiert und entsprechend ihrer Inhalte bestimmten Kategorien zugeordnet. Zusätzlich können durch den Displaypartner auch die Besucher der Partner-Webseiten analysiert werden. Bei der Erstellung und Schaltung von Anzeigen können dann die entsprechenden Kategorien, welche zumeist mit Besucherinteressen verknüpft sind, ausgewählt werden, um eine optimale Zielgruppenorientierung sicherzustellen.

Vielfach ist eine ortsbezogene Einschränkung möglich, was insbesondere für exportorientierte Unternehmen von Vorteil sein kann. So kann man zum Beispiel festlegen, dass eine Anzeige nur für jene Nutzer angezeigt werden soll, die aus einem Umkreis von 50 km um eine bestimmte Stadt im Zielland auf die Webseite zugreifen.

Die Anzeigen können auf der gesamten Webseite (d. h. auch auf allen Unterseiten) oder nur in einem Teilbereich einer Webseite angezeigt werden. Ebenso kann die Anzeige auf allen Versionen einer Webseite erfolgen (Desktop, mobil) oder nur in einer ausgewählten Version (z. B. nur mobil). Dabei ist auch noch definierbar, ob eine Anzeige in einem Teil der Webseite sichtbar sein soll, die ohne zu scrollen erreichbar ist, oder im gesamten Bereich.

Anzeigen können einem Nutzer mehrmals angezeigt werden, und zwar entweder auf einer spezifischen Webseite oder auf den anderen Webseiten des Displaypartners. Über das sogenannte „Frequency-Capping" kann definiert werden, wie häufig und in welchen zeitlichen Abständen eine Anzeige einem Nutzer angezeigt werden soll.

3.5 Social Media-Marketing

Social Media verknüpft „technologische, inhaltliche und gestalterische Perspektiven zur Erzielung kommunikativer Austauschprozesse in virtuellen Gemeinschaften" (Hettler 2010, S. 14). Nachdem die Verbreitung der **sozialen Medien** in den vergangen Jahren stark zugenommen hat, kam bald die Idee auf, diese auch verstärkt als Marketinginstrument zu nutzen. Social Media-Marketing ist dementsprechend der Einsatz von sozialen Medien zur Erreichung von Marketingzielen (vgl. Kreutzer et al. 2015, S. 149).

Viele Kunden informieren sich in den sozialen Medien über Produkte und Dienstleistungen (insbesondere über Erfahrungen, die andere Kunden bereits damit gemacht haben). Kaufentscheidungen werden häufig schon getroffen, bevor die eigentlichen Vertriebsaktivitäten zu wirken beginnen (die Entwicklung von Verkaufsbeziehungen über soziale Medien wird daher als „Social Selling" bezeichnet). Dies betrifft nicht nur den B2C-Bereich, sondern auch B2B, da Entscheidungsträger sowohl in beruflich orientierten sozialen Medien als auch im privaten Zusammenhang das Internet nutzen.

Nachdem soziale Medien wie zum Beispiel Facebook in vielen Ländern präsent sind, empfiehlt es sich für exportorientierte Unternehmen, eine internationale Strategie für solche Medien zu entwickeln, die aber entsprechend der lokalen Bedürfnisse angepasst wird. In der globalen Strategie werden zentrale Themen definiert (Themen, Bildsprache, Texte, Redaktionspläne), die dann lokal adaptiert bzw. erweitert werden. Zu beachten ist ferner, dass die Nutzungsraten von bestimmten sozialen Netzwerken in verschiedenen Ländern sehr unterschiedlich ausgeprägt sein können. So haben in Ländern wie zum Beispiel Russland oder China lokale Anbieter deutlich höhere Marktanteile als die in Europa und in den USA derzeit führenden Anbieter wie Facebook oder Twitter.

In sozialen Medien können Anzeigen geschaltet werden, zum Beispiel in Form von Bannerwerbung oder darüber hinaus direkt im Newsstream. Diese Anzeigen können zielgruppen-, länder- und benutzerspezifisch angepasst werden. In professionellen Netzwerken wie LinkedIn oder XING können diese Anzeigen besonders zielgruppenorientiert adaptiert werden (z. B. aufbauend auf Stellenbezeichnungen, Größe bzw. Branche des Unternehmens, Gruppenzugehörigkeit). Auch eine Übereinstimmung mit den jeweiligen Seiten ist möglich (z. B. bei Aufruf der Startseite oder des Postfaches oder beim Besuch einer Gruppenseite).

Internetbasierter Vertrieb in Auslandsmärkten

4

Das Internet kann für viele Unternehmen einen zusätzlichen Vertriebskanal darstellen, manchmal (insbesondere für kleinere Unternehmen) sogar den einzigen, über den man Kunden im Ausland bedienen kann. Die beiden wesentlichen Vertriebskanäle stellen dabei **Webshops** und **Online-Marktplätze** dar. In jedem Fall sind für die Nutzung des Internets als Vertriebskanal Überlegungen anzustellen, wie die grenzüberschreitende Zahlungsabwicklung, die physische Warenlieferung und die operative Abwicklung des Exportgeschäfts erfolgen sollen.

4.1 Webshops

Webshops geben Kunden die Möglichkeit, sich rasch und unkompliziert über Produkte zu informieren und diese auch gleich zu kaufen. Für Unternehmen ist ein Webshop eine Gelegenheit, eigene Produkte, aber auch Produkte anderer Hersteller, einfach zu verkaufen (insbesondere auch an Kunden in anderen Ländern).

Damit auf das internationale Geschäft ausgerichtete Webshops funktionieren, müssen einige Voraussetzungen gegeben sein. Rechtliche Rahmenbedingungen müssen berücksichtigt werden (siehe auch Abschn. 1.5 in diesem Essential). Zudem sind der Aufbau einer vertrauensvollen Kundenbeziehung, ein entsprechendes Leistungsversprechen, die Einbeziehung von sozialen Netzwerken und die Einhaltung von Sicherheitsstandards wesentliche Erfolgsfaktoren (vgl. Heinemann 2015; Selling Online (o. A.) 2015).

Das zentrale Instrument für den Webshop ist die entsprechende **Webshop-Software**. An diese werden bei einem internationalen Webshop besondere Anforderungen gestellt. Zumeist wird es notwendig sein, für jedes Land eine eigene Instanz des Webshops zu definieren, damit länderspezifische Besonderheiten abgebildet werden können. Die Darstellung von Produkten kann länderspezifisch unter-

© Springer Fachmedien Wiesbaden 2016
W. Eixelsberger et al., *E-Business im Export*, essentials,
DOI 10.1007/978-3-658-11555-5_4

schiedlich erfolgen (manche Produkte werden nicht in allen Ländern zum Verkauf angeboten), ebenso Produktpreise, Steuersätze, Versandbedingungen und Produktbeschreibungen.

Auf lokale Feiertage, Urlaubszeiten und Einkaufstage ist ebenso Rücksicht zu nehmen wie auf Produktdetails wie Maße, Gewichte oder Kleidergrößen. Auch Kennzeichnungspflichten können unterschiedlich sein. Kontaktinformationen und E-Mail-Templates müssen ebenfalls angepasst werden. Die Berechnung der Kosten für die Kunden muss vollständig und korrekt erfolgen, und zwar unter Einbeziehung von Steuersätzen und Versandkosten.

Weitere relevante Informationen für Auslandskunden, wie zum Beispiel Zollbestimmungen, müssen ebenfalls in das System eingepflegt werden. Den Kunden sollte dabei die Möglichkeit gegeben werden, interaktiv mit dem Shop-Betreiber in der jeweiligen Landessprache in Kontakt zu treten, um eventuell auftretende offene Fragen direkt besprechen zu können. Kundendaten inklusive Zahlungsinformationen müssen geschützt zwischen Kunden und Webshop-Betreiber ausgetauscht und sicher gespeichert werden. Spezialisierte Analysetools eröffnen die Möglichkeit, entsprechende Auswertungen (vor allem auch länderspezifisch) über den Webshop durchzuführen und diesen darauf aufbauend auf die jeweiligen Bedürfnisse der Kunden vor Ort anzupassen.

4.2   B2C-Marktplätze

B2C-Marktplätze ermöglichen den Verkauf von Produkten über von spezialisierten Anbietern betriebene virtuelle Marktplattformen an Endkunden. Auf einem **virtuellen Marktplatz** erfolgt das Zusammenführen von Angebot und Nachfrage. B2C-Marktplätze sind insbesondere auch für exportorientierte Unternehmen interessant, da diese meist länderübergreifend bzw. in mehrfacher landesspezifischer Form operieren (Beispiele hierfür sind Amazon und eBay).

Auf diesen Marktplätzen können Produktdaten und -bilder hochgeladen werden. Dabei können die Anbieter dieser Plattformen auch spezifische Anpassungen fordern (z. B. ausschließlich weißer Hintergrund bei Produktbildern). Das Aufbereiten der Produktdaten für mehrere landesspezifische Marktplätze kann einen aufwändigen Prozess darstellen (z. B. aufgrund von Mehrsprachigkeit, Auszeichnungspflichten oder verschiedenen Maßsystemen).

Die verschiedenen Marktplätze haben unterschiedliche **Gebührenmodelle**. Sie behalten üblicherweise Verkaufsprovisionen ein, welche auch gestaffelt sein können (z. B. abhängig vom Verkaufspreis bzw. von der Produktkategorie). Typische Verkaufsprovisionen umfassen den Bereich von 4 bis 15 %. Zusätzlich können noch (monatliche) Grundgebühren und Gebühren für Zusatzoptionen (beispielsweise für die „Startzeitplanung", d. h., dass ein Angebot für ein Produkt erst ab einem definierten Zeitpunkt gilt) anfallen. Bei einzelnen Marktplätzen fällt eine Gebühr erst beim Verkauf eines Produktes an, bei anderen ist schon alleine für das Anzeigen eines Produktes eine Gebühr zu entrichten (die sogenannte Angebotsgebühr). Da Gebühren von Marktplatz zu Marktplatz (auch vom selben Anbieter) unterschiedlich ausfallen können, kann die Durchführung von Rentabilitätsberechnungen einen ernstzunehmenden Aufwand erzeugen.

Der **Versand** kann direkt durch Anbieter erfolgen oder aber auch durch den Marktplatzbetreiber. Beim Versand durch den Marktplatzbetreiber fallen zusätzlich zu den Portokosten häufig auch noch Transaktionskosten an. Auch das Retourenmanagement kann entweder durch den Anbieter erfolgen oder durch den Marktplatzbetreiber. Es ist dabei auch möglich, diese Funktion länderspezifisch unterschiedlich mit dem Marktplatzbetreiber zu vereinbaren.

Die Marktplatzbetreiber stellen häufig besondere Anforderungen an die Anbieter. Diese können besondere Kundenfreundlichkeit bei Reklamationen betreffen oder aber auch die Verfügbarkeit von Services (z. B. die Beantwortung von Kundenanfragen innerhalb einer definierten Frist bzw. auch an Wochenenden). Auch diese Regelungen können bei einzelnen Marktplatzbetreibern länderspezifisch unterschiedlich sein.

4.3 B2B-Marktplätze

Die zuvor beschriebenen Webshops und B2C-Marktplätze bilden vor allem Prozesse im Endkundengeschäft ab. Es existieren aber B2B-Marktplätze, in denen sowohl die Anbieter als auch die Nachfrager Unternehmen sind. Der Marktplatzbetreiber tritt als Intermediär auf, der die Angebots- und Nachfrageseite miteinander verbindet. Der Intermediär betreibt mit Hilfe einer E-Marketplace-Lösung Funktionen wie Bestellabwicklung und das Anbieten von Online-Katalogen (Kollmann 2013, S. 124). Auch Ausschreibungs- und Auktionsprozesse können über diese Marktplätze abgewickelt werden. B2B-Marktplätze unterstützen das **E-Procurement,** „die Integration von netzbasierten Informations- und Kommunikationstechnologien zur Unterstützung der operativen Tätigkeiten und strategischen Aufgaben in den Beschaffungsbereich von Unternehmen" (Wirtz 2013, S. 619).

B2B-Marktplätze können offen oder geschlossen sein, d. h. für alle interessierten Partner zur Verfügung stehen oder nur für einen eingegrenzten (eingeladenen) Partnerkreis. Man unterscheidet dabei vertikale und horizontale Marktplätze. **Vertikale Marktplätze** orientieren sich an einer spezifischen Nutzergruppe oder Branche, während **horizontale Marktplätze** branchenübergreifend ausgerichtet sind.

Das Marktplatzsystem muss **Systemschnittstellen** anbieten, über welche Produktdaten ausgetauscht werden können, aber auch der Austausch von Informationen von Seiten des Anbieters (Verfügbarkeit, Lieferzeit) und des Käufers (Nachfrage, Dringlichkeit der Lieferung) ermöglicht wird. Damit ist auch die Notwendigkeit einer Schnittstelle zu E-Procurement-Lösungen verbunden.

Das Marktplatzsystem muss zudem umfangreiche Produktbeschreibungen verwalten können. Diese Informationen umfassen standardisierte Daten, wie zum Beispiel die Europäische Artikelnummer (EAN), sowie nichtstandardisierte Daten, die länderspezifisch sein können (z. B. die Einhaltung von bestimmter Normen, die Einsatzmöglichkeit des Produktes hinsichtlich klimatischer Bedingungen oder rechtlicher Voraussetzungen). Marktplatzsysteme bieten zumeist auch Schnittstellen zu Katalogmanagementsystemen an, um die entsprechenden Daten einfacher austauschen zu können.

4.4 Zahlungsmodalitäten

Wenn über das Internet Geschäfte in anderen Ländern abgewickelt werden, ist eine Entscheidung über das Angebot geeigneter **Zahlungsmethoden** zu treffen. Dabei sollte einerseits den Kunden die Möglichkeit eröffnet werden, die erworbenen Waren oder Dienstleistungen einfach und sicher zu bezahlen. Es geht dabei vor allem auch darum, Kaufabbrüche zu vermeiden, die dadurch entstehen können, dass Kunden im Ausland zu bestimmten Zahlungsformen kein Vertrauen haben. Andererseits ist darauf zu achten, dass das Risiko eines eventuellen Zahlungsausfalls so niedrig wie möglich gehalten wird. Generell sind die Verbreitung und Kundenakzeptanz des Zahlungsverfahrens im ausländischen Zielmarkt, der Schutz vor Zahlungsausfällen und die anfallenden Kosten wichtige Kriterien für die Auswahl geeigneter Bezahlsysteme für den Export über das Internet.

Es ist nicht einfach, sich einen Überblick über die Unzahl von internetbasierten Bezahlsystemen zu verschaffen, die derzeit international existieren. In einer groben Klassifizierung können aber folgende **Kategorien von Zahlungssystemen** unterschieden werden:

- Kreditkartenbasierte Zahlung (z. B. Übertragung von Kreditkartendaten über sichere Verschlüsselungsprotokolle)
- Digitale Bezahlsystem (E-Payment-Verfahren wie z. B. *PayPal*)
- Guthabenverfahren (Z. B. *paysafecard*)
- Bankeinzugs- und Direktüberweisungssysteme (z. B. *ClickandBuy*, *giropay*)
- Mobiltelefonbasierte Zahlungssysteme

Im Online-Geschäft können zudem noch „klassische" Zahlungsverfahren aus dem Offline-Bereich eingesetzt werden, wie zum Beispiel Vorkasse, Zahlung mit Rechnung, Zahlung per Nachnahme oder das elektronische Lastschriftverfahren (ELV). Diese Zahlungsverfahren sind zwar noch weit verbreitet, verlieren aber an Bedeutung.

Das international am weitesten verbreitete Zahlungsmittel im Internet ist die **Kreditkarte**. Auch gewerbliche Kunden zahlen oft mit ihrer Firmenkreditkarte, wenn sie im Internet etwas bestellen. Ein Problem bei der Kreditkartenzahlung ist allerdings das Risiko von Zahlungsausfällen, wenn Kunden von ihrer Möglichkeit Gebrauch machen, ihr Widerspruchsrecht zu nutzen. Führende Kreditkartenfirmen bieten daher auch Services für Online-Händler an, mit denen eine Haftungsumkehr (*engl.* „Liability Shift") verbunden ist. Das bedeutet, dass registrierte Händler vor unberechtigten Rückbelastungen der Kreditkarte geschützt werden, wenn sie die korrekte Bestellabwicklung und den Zugang der Ware an den Kunden nachweisen können. Generell benötigen Händler, um Kreditkartenzahlungen annehmen zu können, eine Genehmigung der jeweiligen Kreditkartenorganisation (den sogenannten „Akzeptanzvertrag").

Am Markt für **digitale Bezahlsysteme** dominiert derzeit international der Anbieter PayPal. Es handelt sich dabei um ein Micro-Payment-System, also um eine Zahlungsform, die vor allem für kleinere Beträge eingesetzt wird. Registrierte PayPal-Nutzer können Überweisungen an Dritte (über deren E-Mail-Adresse) in Auftrag geben, und zwar je nach gewählter Variante über die vorherige Einzahlung eines Guthabens, Bankeinzug oder das Kreditkartenkonto. Auch der Empfänger muss sich auf der PayPal-Plattform registrieren, um über den Betrag verfügen zu können. Da der Zahlungsempfänger weder Kontodaten noch Kreditkartennummer zu sehen bekommt, kann ein Missbrauch dieser Daten verhindert werden. PayPal erbringt allerdings nur die Dienstleistung der Zahlungsabwicklung und übernimmt keine Garantie- oder Treuhandfunktion. Durch die sofortige Gutschrift auf das Konto des Zahlungsempfängers entfällt die übliche Überweisungsdauer. Auch die Online-Verkaufsplattform Amazon versucht derzeit, ihr eigenes Bezahlsystem „Login und Bezahlen mit Amazon" anderen E-Commerce-Anbietern als Dienstleistung anzubieten. Die Bezahlabwicklung erfolgt dabei über das Amazon-Konto der Nutzer.

Bei den **Guthabenverfahren** wird nach dem Vorauszahlungsverfahren („Prepaid") zunächst ein Guthaben erworben, welches dann für den Erwerb von Waren und Dienstleistungen über das Internet eingelöst werden kann. Durch die Vorzahlung ist kein Nutzerkonto notwendig, was für den Kunden eine Zahlung ohne jegliche Angabe von persönlichen Daten (z. B. über Bankkonten oder Kreditkarten) ermöglicht.

Bankeinzugs- oder Direktüberweisungssysteme nutzen das Bankkonto des Käufers, um die Zahlung mittels Online-Banking zu tätigen. Teile der deutschen Kreditwirtschaft haben zum Beispiel 2006 das Online-Überweisungsverfahren *giropay* ins Leben gerufen. Die Kunden werden über dieses System von der Händler-Website auf ihr persönliches Online-Banking-Konto weitergeleitet, von wo aus sie die Zahlung an den Händler mittels einer Transaktionsnummer direkt bestätigen.

Mobiltelefonbasierte Zahlungssysteme (z. B. das Bezahlen via Smartphone) haben derzeit noch einen relativ geringen Marktanteil, könnten aber durch ein verstärktes Engagement sowohl seitens der Mobilfunkbetreiber als auch großer Internet-Konzerne (wie zum Beispiel Google mit seinem Bezahlsystem „Google Wallet") in Zukunft größere Bedeutung bekommen. Neben der Abrechnung über die Telefonrechnung des Mobilfunkbetreibers (dem sogenannten „Carrier Billing") werden in immer mehr Mobiltelefonen auch Microchips eingebaut, die eine direkte Kommunikation mit physischen Zahlungsinfrastruktureinrichtungen (z. B. Zahlungsterminals in Geschäften) erlauben.

Es gibt auch Dienstleistungsanbieter, welche Unternehmen, die über das Internet Geschäfte abwickeln wollen, den gleichzeitigen Zugang zu mehreren Bezahlsystemen eröffnen. Einerseits sind das sogenannte „**Acquirer**", die zum Beispiel für mehrere Kreditkartenfirmen oder Direktüberweisungssysteme Verträge abschließen können. Andererseits gibt es aber auch die Möglichkeit, mit sogenannten „**Payment Service Providern**" zusammenzuarbeiten, welche sich umfassend um die technische und organisatorische Anbindung an mehrere Zahlungssysteme kümmern. Die gesamte Abwicklung des Zahlungsvorgangs über mehrere Bezahlsysteme kann damit auch an solche Dienstleistungsanbieter ausgelagert werden. Dadurch fällt die direkte Vertragsbeziehung mit den Anbietern der einzelnen Zahlungslösung (z. B. der Kreditkartenfirma) weg, was eine Arbeitsersparnis mit sich bringen kann, allerdings auch den Zugriff in Richtung Kunden erschwert. Payment Service Provider können je nach Anbieter und Vereinbarung auch weitere Dienstleistungen (z. B. Risikomanagement oder Inkasso) übernehmen. Viele dieser Anbieter bieten Ihre Leistungen auch für Zahlungen aus dem Ausland an, was für den Internet-Export gegenüber der Zusammenarbeit mit vielen lokalen Zahlungsdienstleistern große Koordinationsersparnisse mit sich bringt.

Zu beachten ist im Exportgeschäft zudem bei allen Zahlungsmethoden, dass deren Verbreitung, Bekanntheit und Akzeptanz von Land zu Land variieren. In einer Umfrage der Universität Regensburg wurden von deutschen Online-Händlern PayPal und Kreditkartenzahlungen als die geeignetsten Zahlungsformen für den internationalen E-Commerce genannt; Lastschriften und Nachnahme wurden hingegen als für das internationale Geschäft am wenigsten taugliche Zahlungsformen gesehen (ibi 2011). Generell ist aber anzuraten, beim Auslandsgeschäft die angebotenen Zahlungsverfahren den jeweiligen Gepflogenheiten im Zielland anzupassen, um eine entsprechende Akzeptanz bei den Kunden zu erzielen.

Beim Exportgeschäft über das Internet sind auch Währungsrisiken zu beachten, die sich durch Wechselkursschwankungen ergeben können, wenn den Kunden auch eine Zahlung in der Auslandswährung ermöglicht wird. Ein anderer Faktor, der beim Auslandsgeschäft zu beachten ist, sind unterschiedliche Zahlungsgewohnheiten in den ausländischen Zielmärkten. Insbesondere bei Zahlungen mit Rechnung kann es vorkommen, dass man bei Auslandskunden längere Zahlungszeiträume einplanen muss als man das von Kunden im Inland gewohnt ist.

4.5 Liefermodalitäten

Wenn aufgrund der Internationalisierung der E-Business-Aktivitäten Bestellungen für Waren aus dem Ausland einlangen, müssen diese natürlich auch an die Auslandskunden geliefert werden. Dabei sind die Anforderungen der Kunden (geringe Versandkosten, schnelle und sichere Lieferung) mit jenen des Lieferanten (geringe Lieferkosten, unkomplizierte Abwicklung) in Einklang zu bringen (Stahl et al. 2012).

Der **Prozess der Versandabwicklung** beinhaltet mehrere Schritte (vgl. Stahl 2012):

- Auftragsannahme (und entsprechende Einbindung in ein Warenwirtschaftssystem)
- Kommissionierung (Entnahme der bestellten Ware aus dem Lager)
- Verpackung und Etikettierung der Ware
- Auslieferung der Ware an den Kunden
- Eventuelle Erledigung von Zollformalitäten (insbesondere bei Lieferungen in Drittländer außerhalb der Europäischen Union)
- Retourenmanagement

Sinnvollerweise werden die Kunden schon vor oder während des Bestellvorgangs direkt auf die Website über die aktuelle Verfügbarkeit der Ware informiert, um nachfolgende Probleme mit zu späten oder gar nicht mehr möglichen Lieferungen zu vermeiden. Bei der Auftragsannahme geht es darum, dem Kunden eine Bestätigung für seine Bestellung zu senden und über das Warenwirtschaftssystem eine Kommissionierungsliste zu erzeugen (das erledigen die meisten Online-Shop-Systeme automatisch), mit Hilfe derer im Anschluss die entsprechende Ware aus dem Lager entnommen werden kann. Die Auslieferung selbst erfolgt im Normalfall über spezialisierte Logistikdienstleister, welche Internet-Exporteure bei der gesamten Versandabwicklung unterstützen.

Insbesondere sind hier **internationale Paketdienste** zu nennen, welche europa- oder weltweit Lieferungen übernehmen können. Zu prüfen ist dabei allerdings, welche Standards die Dienstleistungen eines geplanten Logistikpartners im Zielland haben, da diese durchaus unterschiedlich sein können (insbesondere hinsichtlich der generellen Lieferdauer, der zulässigen Paketgröße oder des Angebots von Zusatzdienstleistungen wie z. B. Sendungsverfolgung, mehrere Zustellversuche oder die Möglichkeit des Expressversands). Es ist auch möglich, mit mehreren Paketdiensten zusammenzuarbeiten und die Entscheidung über die präferierte Form der Lieferung dem Kunden zu überlassen. Wichtig ist in jedem Fall, die Transportkosten und -modalitäten (z. B. Lieferfristen, Versicherungsmöglichkeiten) schon bei der Bestellung durch den Kunden exakt auszuweisen. Je nachdem, ob die Etikettierung vom Paketdienst oder vom E-Commerce-Anbieter selbst übernommen wird, ist beim Auslandsgeschäft zusätzlich auch darauf zu achten, die Etiketten und die darauf angegeben Adressen in einer vom Zusteller im Ausland lesbaren Form zu gestalten.

Logistikdienstleistungen wie Lagerhaltung, Kommissionierung und Versand in ausgewählte Auslandsmärkte werden auch von Marktplatzanbietern wie zum Beispiel Amazon angeboten, zum Teil auch mit zusätzlichen Dienstleistungen wie dem Anbieten eines Kundenservice in der jeweiligen Landessprache oder der Retourenabwicklung.

Eine wesentliche Rolle für die effiziente Gestaltung des Logistikprozesses spielt auch die Möglichkeit, die eigenen IT-Systeme direkt mit jenen des Logistikpartners verbinden zu können. So lassen sich aufwendige manuelle Bearbeitungen während der Versandabwicklung vermeiden.

Für die Geschäftstätigkeit über das Internet besonders relevant ist das **Retourenmanagement**. Kunden sind es mittlerweile gewohnt, über das Internet bestellte Waren, die ihnen nicht gefallen, wieder zurückzusenden – vor allem auch wegen der entsprechenden kundenfreundlichen rechtlichen Regelungen innerhalb der EU (siehe auch Abschn. 1.5 in diesem Essential). In vielen Branchen sind zweistellige Retourenquoten mittlerweile durchaus üblich. Aus der Textilbranche wird sogar von Rücksendequoten von 40–50 % berichtet (Stahl et al. 2012). Als häufigste Gründe für hohe Retourenquoten werden nicht passende, nicht gefallende oder nicht der Produktbeschreibung entsprechende Artikel, defekte oder beschädigte Waren, Falschlieferungen oder die Bestellung mehrerer Produktvarianten zur Auswahl genannt (Stahl et al. 2012). Besonders im Exportgeschäft können daher eine umfassende Beschreibung der Ware (idealerweise in der jeweiligen Landessprache) auf der Website bzw. im Webshop und eine für lange Transportwege gut schützende Verpackung mithelfen, Retouren zu vermeiden.

4.6   Die operative Abwicklung des Exportgeschäftes über das Internet

Wie bei allen anderen Lieferungen ins Ausland ist auch beim Auslandsgeschäft über das Internet ein operativer Exportprozess zu durchlaufen. Je nachdem, ob in ein Land innerhalb oder außerhalb der EU geliefert wird, handelt es sich entweder um eine innergemeinschaftliche Lieferung oder um eine Ausfuhr in ein Drittland.

Bei einer **innergemeinschaftlichen Lieferung** sind folgende Schritte zu beachten (vgl. Höfferer et al. 2013, S. 174 ff.):

1. *Prüfen von Sonderbestimmungen*: Für bestimmte Warenklassen gibt es auch innerhalb der EU (in der es grundsätzlich freien Warenverkehr gibt) Sonderbestimmungen, die für den Export einzuhalten sind. Dies betrifft zum Beispiel Kosmetika und Arzneimittel (hinsichtlich erforderlicher Zulassungen), Tiere und tierische Produkte, verbrauchssteuerpflichtige Waren wie Alkohol, Tabak und Mineralöle oder sogenannte „Dual Use"-Güter, die sowohl für militärische als auch für zivile Zwecke eingesetzt werden können.

2. *Exportpreiskalkulation und Exportvertrag:* Ins Ausland exportierte Güter verursachen höhere Kosten (z. B. für Transport, Verpackung, Versicherung, Zahlungsabwicklung und die Ein- und Ausfuhrabwicklung). Dies sollte bei der Preisfestsetzung für ausländische Zielmärkte berücksichtigt werden. Der Vertragsabschluss im Internet kommt durch eine eindeutige Willenserklärung beider Parteien zustande (z. B. durch den Klick auf ein Button „Zahlungspflichtig bestellen" durch den Kunden und eine darauf folgende Annahmeerklärung oder die Warenlieferung durch den Verkäufer). Zu beachten sind hierbei auch länderspezifische rechtliche Vorschriften, insbesondere hinsichtlich Allgemeiner Geschäftsbedingungen.

3. *Umsatzsteuerrechtliche Prüfung:* Waren können von einem EU-Land in ein anderes umsatzsteuerfrei versendet werden, wenn der Abnehmer Unternehmerstatus hat, im Bestimmungsland erwerbssteuerpflichtig ist, und wenn die Umsatzsteueridentifikationsnummern (UID-Nummern) von Käufer und Verkäufer auf der Rechnung verwendet werden (auf der Rechnung ist dann auch zu vermerken, dass es sich um eine umsatzsteuerfreie innergemeinschaftliche Lieferung handelt). Beim Versandhandel an Personen ohne UID-Nummer (z. B. Privatpersonen) gibt es je Land unterschiedliche Lieferschwellen. Bleiben die Lieferungen unter dieser jährlichen Schwelle, sind die Lieferungen im Versendungsland umsatzsteuerpflichtig, liegen sie darüber, muss die Abgabe im Land des Abnehmers erfolgen (in diesem Fall muss sich der Verkäufer auch bei den Finanzbehörden im Zielland registrieren lassen).

4. *Einhaltung der Meldepflichten:* Innergemeinschaftliche Lieferungen müssen in bestimmten Meldezeiträumen sowohl den Finanz- und Steuerbehörden (im Rahmen der sogenannten „Zusammenfassenden Meldung") als auch dem zuständigen statistischem Amt des Exportlandes gemeldet werden („Intrastat-Meldung").
5. Eine sogenannte *Lieferantenerklärung* kann insbesondere im B2B-Geschäft vom Kunden verlangt werden. Sie kann zum Beispiel durch eine entsprechende Erklärung auf der Rechnung oder über ein Formular, der sogenannten „Warenverkehrsbescheinigung EUR.1", gemacht werden. Dabei geht es um einen Nachweis des Ursprungs einer Ware in einem bestimmten Land.

Bei einer **Ausfuhr in Drittländer** ist ein anderer Prozess zu durchlaufen, der insbesondere Zollbestimmungen, die es ja innerhalb der EU in dieser Form nicht gibt, berücksichtigt (vgl. Höfferer et al. 2013, S. 185 ff.):

1. *Einfuhrbestimmungen prüfen*: Es kann Einfuhrbeschränkungen in Drittländer geben, über welche die Zollbehörden oder die Außenhandelsvertretungen im jeweiligen Land Auskunft geben können (z. B. Embargos oder Importquoten für bestimmte Warengruppen).
2. *Exportpreiskalkulation und Exportvertrag:* Bei der Kalkulation von Exportpreisen für Drittländer sind auch die Zollkosten zu berücksichtigen. Der Zolltarif wird anhand des einheitlichen Schemas von Zolltarifnummern für bestimmte Warenkategorien festgelegt. Die Zollbehörden und deren Websites geben dazu Auskunft. Beim Festlegen der Vertrags- und Lieferbedingungen ist auch darauf zu achten, welcher Vertragspartner für die Einfuhr im Bestimmungsland verantwortlich ist (für den Verkäufer ist es üblicherweise günstiger, wenn der Kunde diese Verpflichtung übernimmt).
3. *Durchführung des Ausfuhrverfahrens*: Erstexporteure aus der EU in Drittländer müssen bei den Zollbehörden eine sogenannte EORI-Nummer beantragen. Das Ausfuhrverfahren selbst besteht aus zwei Schritten, der Ausfuhranmeldung (erfolgt direkt elektronisch oder über einen Logistikdienstleister an die Zollbehörde) und der Ausfuhrbestätigung an der Außengrenze.
4. Der *Ursprung der Ware* kann über eine förmliche Ursprungserklärung auf der Rechnung oder durch die Warenverkehrsbescheinigung EUR.1 dokumentiert werden.
5. Beachtung *umsatzsteuerlicher Regelungen*: Lieferungen aus der EU in Drittländer sind im Exportland umsatzsteuerfrei. Beim Vorliegen bestimmter Voraussetzungen ist eine Rückerstattung der Vorsteuer möglich.

Bei der operativen Exportabwicklung können **Dienstleister** wie z. B. Speditionen oder Paketdienste zur Unterstützung herangezogen werden (siehe auch Abschn. 4.5 in diesem Essential). In jedem Fall ist aber im Vertrag mit dem Auslandskunden zu definieren, welcher Vertragspartner für die Zollabwicklung zuständig ist.

Was Sie aus diesem Essential mitnehmen können

- Führt Schritt für Schritt in die Entwicklung einer Exportstrategie über das Internet ein.
- Verschafft einen Überblick über die Rahmenbedingungen und Instrumente für den digitalen Geschäftserfolg in Auslandsmärkten.
- Verdeutlicht Chancen und Risiken, die mit dem Auslandsgeschäft über das Internet verbunden sind.
- Zeigt Erfolgsfaktoren für E-Business im Exportgeschäft auf.
- Dient als Impulsgeber für kleine und mittelgroße Unternehmen, welche ihre E-Business-Aktivitäten stärker auf internationale Exportmärkte hin ausrichten wollen.

© Springer Fachmedien Wiesbaden 2016
W. Eixelsberger et al., *E-Business im Export*, essentials,
DOI 10.1007/978-3-658-11555-5

Literatur

BITKOM. (2015). Social Media – Leitfaden (3. Aufl.). http://www.bitkom.org/files/documents/150527_LF_Social_Media(1).pdf. Zugegriffen: 21. Juni 2015.

Chaffey, D. (2015). *Digital business and e-commerce management: Strategy, implementation and practice.* Harlow: Pearson.

Cyr, D., & Trevor-Smith, H. (2004). Localization of web design: An empirical comparison of German, Japanese, and United States Web site characteristics. *Journal of the American Society for Information Science and Technology, 55*(13), 1199–1208.

Europäische Kommission. (2015, 25. März). Pressemitteilung – Strategie für den digitalen Binnenmarkt: Europäische Kommission vereinbart Tätigkeitsbereiche Brüssel. http://europa.eu/rapid/press-release_IP-15-4653_de.htm. Zugegriffen: 29. Juni 2015.

Haberl, A. (2004). Online- und andere ADR-Verfahren bei grenzüberschreitenden Verbraucherverträgen. *RdW, 7,* 393–396.

Haberl, A. (2005). Ein Leitfaden zur IPR-Anknüpfung. *JAP, 3,* 183–186.

Haberl, A. (2006). *Skriptum zum Internationalen Privatrecht* (1. Aufl.). Wien: LexisNexis Verlag.

Haberl, A. (2009). Die aktuelle Diskussion um ein verbesserungswürdiges Europäisches Vertragsrecht. *ZfRV, 5,* 24–27.

Haberl, A. (2010). UN-Kaufrecht. In W. Hauser (Hrsg.), *Linde Praktikerskripten.* Wien: Linde Verlag.

Heinemann, G. (2015). *Der Neue Online-Handel: Geschäftsmodell und Kanalexzellenz im E-Commerce* (6. Aufl.). Wiesbaden: Springer Gabler.

Hettler, U. (2010). *Social media marketing: Marketing mit Blogs, Sozialen Netzwerken und weiteren Anwendungen des Web 2.0.* München: Oldenbourg Wissenschaftsverlag.

Höfferer, M., Lenger, T., & Sternad, D. (2013). Der Ablauf des Exportprozesses. In D. Sternad, M. Höfferer, & G. Haber (Hrsg.), *Grundlagen Export und Internationalisierung* (S. 173–201). Wiesbaden: Springer Gabler.

Ibi. (2011). *Zahlungsabwicklung im E-Commerce: Fakten aus dem deutschen Online-Handel.* Regensburg: ibi Research.

Janisch, S., & Mader, P. (2011). *E- Business* (4. Aufl.). Wien: LexisNexis Verlag.

Kollmann, T. (2013). *E-Business: Grundlagen elektronischer Geschäftsprozesse in der Net Economy* (5. Aufl.). Wiesbaden: Springer Gabler.

© Springer Fachmedien Wiesbaden 2016
W. Eixelsberger et al., *E-Business im Export,* essentials,
DOI 10.1007/978-3-658-11555-5

Kreutzer, R. T., Rumler, A., & Wille-Baumkauff, B. (2015). *B2B-Online-Marketing und Social Media: Ein Praxisleitfaden*. Wiesbaden: Springer Gabler.

Meier, A., & Stormer, H. (2012). *eBusiness & eCommerce* (3. Aufl.). Wiesbaden: Springer Gabler.

Peterson, C. (2014). *Learning responsive web design: A beginner's guide*. Sebastopol: O'Reilly Media.

Porter, M. (1985). *Competitive advantage*. New York: Free Press.

Schallmo, D. (2013). *Geschäftsmodelle erfolgreich entwickeln und implementieren*. Wiesbaden: Springer Gabler.

Selling Online (o.A.) (2015). Selling Online 10 things to know when doing business online. https://ec.europa.eu/growth/tools-databases/dem/watify/selling-online?language=en. Zugegriffen: 25. Juni 2015.

Sonntag, M. (2010). *Einführung in das Internetrecht*. Wien: Linde Verlag.

Stahl, E., Wittmann, G., Krabichler, T., & Breitschaft, M. (2012). *E-Commerce-Leitfaden: Noch erfolgreicher im elektronischen Handel* (3. Aufl.). Regensburg: Universitätsverlag Regensburg.

Stallmann, F., & Wegner, U. (2015). *Internationalisierung von E-Commerce-Geschäften: Bausteine, Strategie, Umsetzung*. Wiesbaden: Springer Gabler.

Sternad, D. (2013). Die Internationalisierungsentscheidung. In D. Sternad, M. Höfferer, & G. Haber (Hrsg.), *Grundlagen Export und Internationalisierung* (S. 9–23). Wiesbaden: Springer Gabler.

Wirtz, B. (2013). *Business model management: Design – Instrumente – Erfolgsfaktoren von Geschäftsmodellen* (3. Aufl.). Wiesbaden: Springer Gabler.

WKO. (2013). E-Marketing-Leitfaden. Wirtschaftskammer Österreich – Schriftenreihe des Wirtschaftsförderungsinstitutes, Nr. 334. https://www.wko.at/Content.Node/Service/Unternehmensfuehrung–Finanzierung-und-Foerderungen/Unternehmensfuehrung/Strategie–Organisation-und-Marketing/E_Marketing_Leitfaden_Final_Web.pdf. Zugegriffen: 18. Juni 2015.